이슬람, 어디까지 아니?

## 이슬람, 어디까지 아니?

초판 1쇄 2025년 7월 31일

글쓴이 | 양대승
그린이 | 이종미

펴낸이 | 조영진
펴낸곳 | 고래가숨쉬는도서관
출판등록 | 제2024-000082호
주소 | 서울시 서대문구 연희로41다길 13 바우하우스 2층
전화 | 02-6081-9680 팩스 | 0505-115-2680
블로그 | https://blog.naver.com/goraebook
편집 | 이규수 김주영

글 ⓒ 양대승 2025 | 그림 ⓒ 이종미 2025

* 값은 뒤표지에 적혀 있습니다.
* 잘못 만든 책은 구입하신 서점에서 바꾸어 드립니다.
* 책의 내용과 그림은 저자나 출판사의 서면 동의 없이 마음대로 쓸 수 없습니다.

ISBN 979-11-92817-83-5 74910
　　　978-89-97165-49-0 74080(세트)

품명 : 도서 | 전화번호 : 02-6081-9680 | 제조년월 : 2025년 7월
제조국명 : 대한민국 | 제조자명 : 고래가숨쉬는도서관
주소 : 서울시 서대문구 연희로41다길 13 바우하우스 2층 | 사용 연령 : 10세 이상
*KC마크는 이 제품이 공통안전기준에 적합하였음을 의미합니다.

# 이슬람, 어디까지 아니?

글쓴이 양대승 | 그린이 이종미

 **차 례**

들어가며  6

## 제1장 이슬람의 역사  10
1. 이슬람교는 언제 만들어졌나?  12
2. 이슬람교를 만든 무함마드  17
3. 이슬람 제국의 발전  23
4. 둘로 나눠진 이슬람 제국  29

## 제2장 세계를 바꾼 이슬람의 문화  38
1. 이슬람이 세계적인 대제국이 된 이유  40
2. 동서양의 문화를 하나로  46
3. 세계에 전해진 이슬람의 과학  48

## 제3장 이슬람은 무엇을 믿나? 54

    1. 이슬람교의 경전인 꾸란 56

    2. 이슬람교의 알라는 기독교의 신과 다를까? 59

    3. 이슬람교에서도 예수를 존경한다? 66

    4. 이슬람교의 여섯 가지 믿음 70

## 제4장 이슬람 사람들은 어떻게 생활할까? 76

    1. 무슬림이 지켜야 할 다섯 가지 78

    2. 무슬림은 먹는 음식도 특별해 87

    3. 이슬람교는 여성을 차별하는 종교일까? 97

    4. 이슬람의 이름은 왜 이렇게 길까? 112

## 제5장 이슬람과 테러 120

    1. 이슬람교와 기독교의 십자군 전쟁 122

    2. 중동 국가들에서 분쟁이 많이 일어나는 이유는? 137

    3. 종교 간의 분쟁을 더욱 부추긴 팔레스타인과 이스라엘 147

    4. 이슬람교는 테러를 잘 일으킨다? 152

 **들어가며**

안녕!
난 알리라고 해.
먼저 내 소개부터 해야겠구나.

난 아주 먼 옛날에 살았던 사람이야. 지금으로부터 약 1,400년 전에 태어났어. 그리고 이슬람교를 만든 무함마드의 사촌 동생이자 사위였지. 어떻게 사촌인데 사위가 되냐고? 내가 살았던 당시 중동에서는 조카나 사촌과 결혼을 하는 일이 흔했어. 나도 사촌 형인 무함마드의 딸과 결혼을 했기 때문에 무함마드의 사촌이자 사위가 되었지.

난 무함마드의 친척일 뿐만 아니라 이슬람교의 역사에서 아주 중요한 역할을 했어. 무함마드의 아내에 이어 두 번째로 이슬람교 신자가 되었거든. 또한 무함마드 곁에서 항상 그와 함께했어. 난 무함마드의 말이나 생각을 누구보다 잘 알고 있었지. 장군으로 전쟁터에 나가 많은 승리를 거두고, 정치인으로 무함마드를 도와 나라를 다스리기도 했어. 사람들은 나를 무함마드의 뒤를 이을 후계자라고 항상 말했어.

나는 이슬람교가 탄생하고 발전하는 과정을 지켜본 사람이야. 그러니 이슬람에 대해서 가장 잘 알고 있지.

이제부터 내가 이슬람과 이슬람교에 대해서 설명해 줄게.

이슬람교라는 말은 종교만을 이야기할 때 쓰는 말이고, 이슬람은 종교와 문화 전체를 아우르는 말이야. 이슬람 사회는 종교와 정치, 사회, 문화가 따로 떨어져 있지 않거든. 그래서 일반적으로 이슬람이라는 말을 더 많이 사용하지.

이슬람이라고 하면 가장 먼저 무엇이 떠오르니?

무시무시한 폭탄 테러? 전쟁? 검은 천으로 얼굴을 가린 여자들?

이슬람이라고 하면 이런 것들을 떠올리는 사람들이 많아. 이슬람교를 믿는 사람들이 테러를 일으킨 것도 사실이고, 여자들은 검은 천으로 얼굴을 가리고 다니는 것도 사실이야.

사람들은 이슬람교는 테러를 일으키는 무서운 종교이고 여성을 차별하는, 시대에 뒤떨어진 종교라고 생각하기도 하지. 하지만 이런 것들이 이슬람에 대한 전부는 아니야.

이슬람교는 전 세계에서 20억 명 이상이 믿는 세계적인 종교야. 기독교 다음으로 많은 사람이 믿는 종교지. 흔히 이슬람교는 사우디아라비아, 이란, 이라크 등과 같은 중동 지역 사람들만 믿는 종교라고 생각하기 쉬워. 하지만 중동 지역 사람들은 전체 이슬람교인의 5분의 1 정도밖에 되지 않아. 이슬람교는 이집트를 비롯한 아프리카, 인도네시아, 중국, 인도 등 아시아, 그리고 유럽과 미국까지 전 세계에 널리 퍼져 있어. 또한 세계적으로 가장 빠르게 신도 수가 늘어나고 있는 종교이기도 해.

이슬람교는 1,400여 년의 역사를 가지고 있어. 이슬람은 아시아, 아프리카, 유럽에 이르는 대제국을 만들었어. 세계를 흔히 유럽의 서양 문화권과 중국을 중심으로 한 아시아의 동양 문화권으로 구분해. 하지만 두 문화권 말고 다른 문화권이 하나 더 있었어. 바로 이슬람 문화권이지. 이슬람 제국은 아주 발전된 문화와 과학 기술을 가지고 있었어. 동양과 서양의 문화를 받아들여 새롭게 발전시켰지.

이슬람교가 테러만 일으키는 무서운 종교였다면 이렇게 오랜 시간 동안 많은 사람이 믿는 종교가 될 수 없었을 거야.

● 제1장
이슬람의 역사

# 1. 이슬람교는 언제 만들어졌나?

### 최초의 문명이 탄생한 중동

이슬람교는 610년 아라비아 반도에서 만들어졌어. 그러니까 약 1,400년 전에 만들어졌지.

아라비아 반도는 지금 사우디아라비아와 예멘 등이 있는 곳으로, 흔히 아랍이라고 불러. 아랍은 아라비아 반도와 그 주변의 넓은 지역을 가리키는 말로 쓰기도 하지. 이 지역을 다른 말로 중동이라고 해.

중동 지역은 인류 역사에서 아주 중요한 곳이야. 인류 최초의 문명이 시작된 곳이 바로 중동이거든. 인류 최초 문명인 메소포타미아 문명이 지금의 이란과 이라크 지역에서 만들어졌어. 일주일이 7일, 1시간이 60분, 1분이 60초인 것도 먼 옛날 메소포타미아 문명에서 시작되어 지금까지 이어져 온 거야.

피라미드로 유명한 이집트 문명도 중동의 문명이야. 이집트는 아프리카 북부 지역에 있지만 중동에 포함되는 나라거든. 고대의 4대 문명은 메소포타미아 문명, 이집트 문명, 인도의 인더스 문명, 중국의 황하 문명이야. 4대 문명 중에서 두 개의 문명이 중동 지역에서 만들어진 거지.

그 외에도 히타이트, 페니키아, 바빌로니아, 페르시아 등과 같은 강력한 제국들이 중동에 있었어. 영어의 알파벳은 페니키아의 문자가 유럽에 전해지면서 만들어졌어.

또한 유대교와 기독교도 중동에서 탄생해서 전 세계로 퍼졌어. 유대교와 기독교가 태어난 이스라엘도 중동에 있으니까 말이야.

이처럼 중동에서는 인류의 여러 문명과 종교가 탄생했어. 이곳에서 탄생한 또 하나의 종교와 문명이 바로 이슬람이야.

### 아랍, 중동, 이슬람은 어떻게 다를까?

아랍이란 원래 아라비아 반도를 뜻하는 말이었어. 그런데 이슬람교가 퍼지고 이슬람 제국이 커지면서 이슬람 제국이 다스리던 땅을 아랍이라고 부르기 시작했어. 이슬람 제국이 다스리던 땅은 아랍어를 공식 언어로 썼고 그곳을 다스리던 사람들은 대부분 아랍 사람들이었으니까 말이야.

아랍어를 쓰고 이슬람교를 믿는 나라들을 아랍 국가라고 불러. 아랍 국가는 아

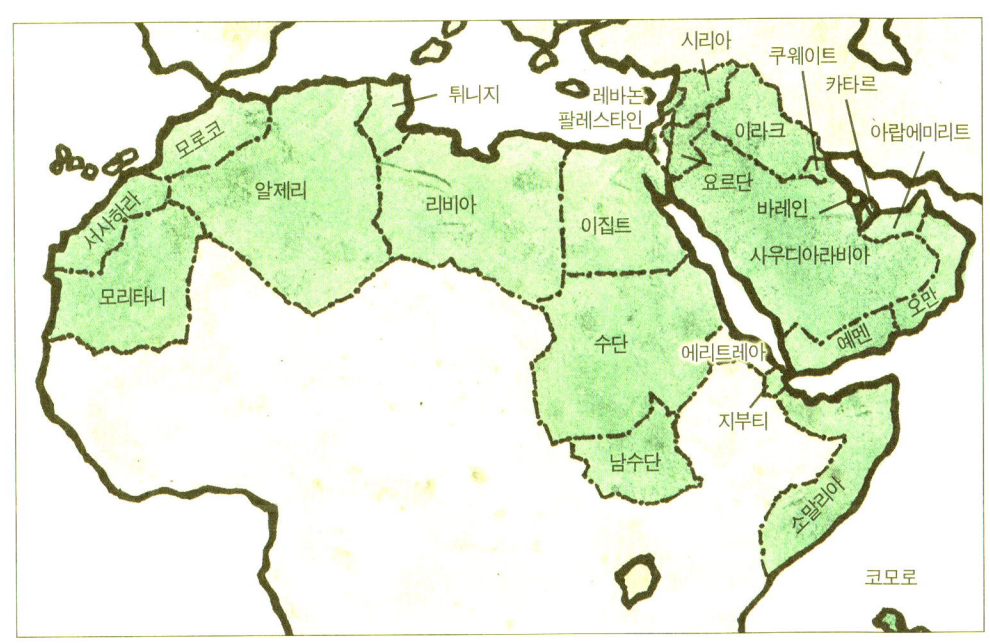

라비아 반도뿐만 아니라 이라크, 시리아 그리고 아프리카의 이집트, 알제리 등 넓은 지역에 있어. 아랍 국가에는 이란과 튀르키예가 빠져 있어. 이란은 페르시아어를 쓰고 튀르키예는 튀르키예어를 쓰는데, 민족도 아랍과 다르기 때문이지.

중동이란 유럽에서 붙인 이름으로, 지역적인 구분을 뜻해. 유럽은 유럽 근처에 있는 튀르키예 등을 가까운 동양이라는 뜻의 근동이라고 불렀고, 중국이나 우리나라가 있는 곳을 멀리 있는 동양이라는 뜻으로 극동이라고 했어. 그리고

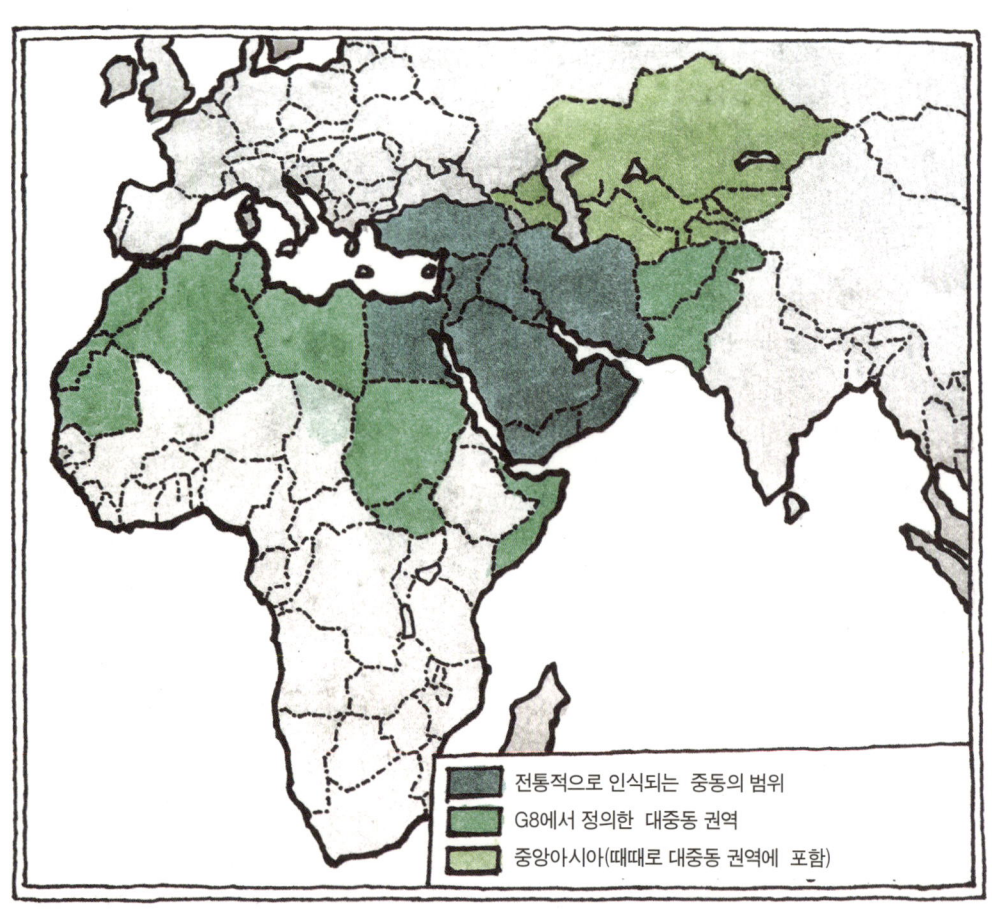

그 사이에 있는 지역을 가운데 있는 동양이란 뜻의 중동이라고 불렀지. 중동 지역은 대부분 이슬람교를 믿고 있어. 그래서 아랍과 중동은 같은 의미로 쓰이기도 하지만 둘은 분명히 다른 개념이야.

　마지막으로 이슬람 지역이 있어. 이슬람 지역은 이슬람 국가 즉, 이슬람교를 믿는 사람들이 많은 나라를 말해. 중동이나 아랍보다 훨씬 넓은 곳의 많은 나라를 포함하는 개념이지. 중앙아시아에 있는 아프가니스탄이나 파키스탄, 동남아시아에 있는 인도네시아나 말레이시아 등 많은 나라가 이슬람 국가야.

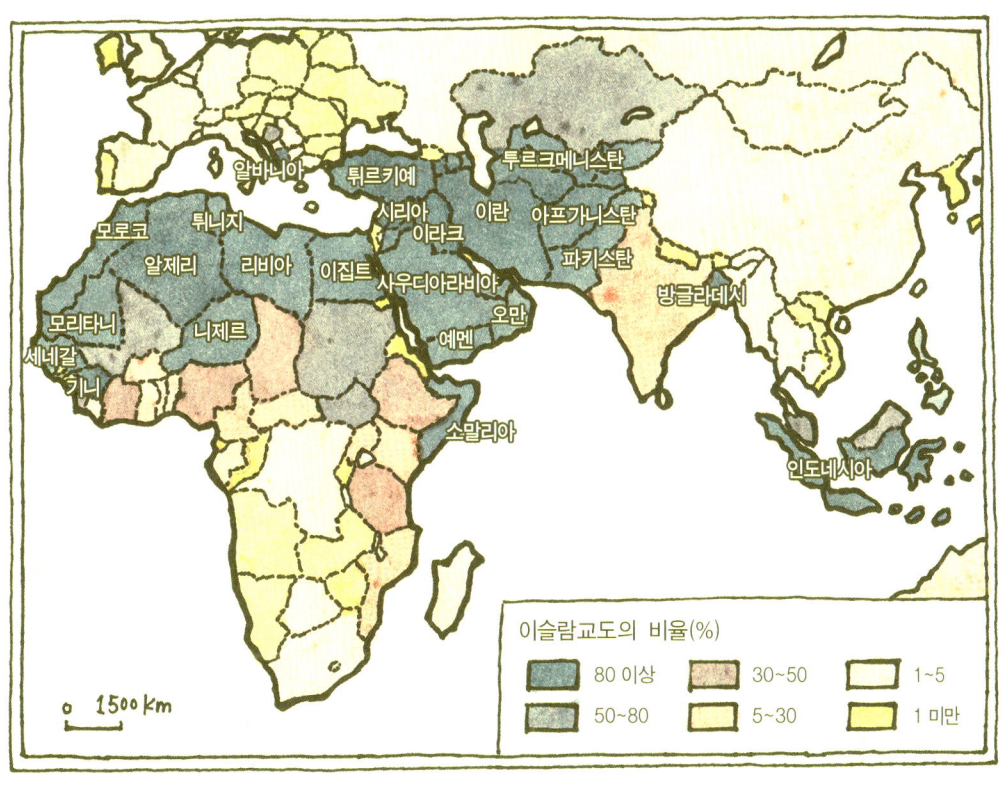

### 이슬람교가 만들어지기 전 아라비아 반도

이슬람교가 태어나기 전 아라비아 반도는 아주 혼란했어. 아라비아 반도 주변에는 동로마인 비잔티움 제국과 사산 왕조 페르시아 제국이 있었어. 비잔티움과 페르시아는 300여 년 동안 전쟁을 계속했어. 전쟁에 필요한 무기와 군인들을 채우기 위해서 엄청나게 많은 세금을 거두어들였고, 사람들을 전쟁터로 내몰았지. 전쟁이 계속되면서 사람들의 생활은 당연히 어려워졌어.

비잔티움과 페르시아의 전쟁으로 무역도 힘들어졌어. 실크로드라고 들어 봤어? 실크로드는 동양과 서양을 이어 주던 길이었어. 상인들은 실크로드를 통해서 유럽과 중국을 오가며 장사를 했어. 그런데 비잔티움과 페르시아의 전쟁으로 실크로드가 막혀 버렸어. 두 나라가 전쟁을 하는 곳이 실크로드가 지나는 길목이었거든.

상인들은 새로운 길을 찾았는데 그 길이 바로 배를 타고 아라비아 반도를 거쳐서 가는 바닷길이었어. 새로운 길이 열리면서 아라비아 반도는 달라지기 시작했어. 아라비아는 사막이 많은 지역이기 때문에 큰 도시가 발달하지 않았었지. 사람들은 풀이 자라는 곳을 찾아다니며 가축을 키우고 살았어. 그런데 아라비아 반도가 새로운 무역의 길이 되면서 메카와 메디나는 큰 도시로 발전했고, 상업의 중심지가 되었지. 아라비아 사람들도 장사에 뛰어들었어.

도시와 상업이 발전하면서 아라비아 반도는 발전했지만 문제도 생겨났어. 부자는 큰 부자가 되었지만 가난한 사람들은 더욱 가난해졌어. 가난한 사람들은 부자들의 노예가 될 수밖에 없었지. 또한 장사가 더 잘되는 길목을 차지하기 위해서 부족끼리 전쟁이 끊이지 않았어. 사회가 혼란해지자 사람 목숨도 소중하게 여기지 않았어. 여자아이들이 태어나면 파묻어 죽이는 일도 많았어.

이슬람교는 이러한 시대에 태어났어.

## 2. 이슬람교를 만든 무함마드

### 신의 계시를 받은 무함마드

이슬람에 대해서 알려면 먼저 이슬람교를 만든 무함마드에 대해서 알아야 해. 무함마드는 570년 아라비아에 있는 메카에서 태어났어. 아버지는 무함마드가 태어나기 전에, 어머니는 무함마드가 여섯 살 때 돌아가셨지. 갈 곳이 없던 무함마드는 삼촌 집에서 자랐어. 그 삼촌이 바로 우리 아버지야. 나와 무함마드는 사촌이지만 나이가 30살 가까이 차이 났어. 그래서 형이라기보다는 아버지나 삼촌처럼 여겼지.

무함마드는 장사를 배워 여러 곳을 돌아다니며 장사를 했어. 장사를 하러 돌아다니면서 무함마드는 전쟁으로 힘들어하고, 가난 때문에 힘들어하는 사람들을 많이 봤어. 무함마드는 그런 사람들을 볼 때마다 가슴이 아팠어.

'저 사람들의 고통을 해결해 줄 방법은 없을까?'

무함마드는 이런 생각을 했어. 깊은 명상을 하면서 사람들이 행복해질 수 있는 방법을 찾기도 했어. 무함마드는 40살이 되던 해인 610년에 특별한 경험을 했어. 무함마드가 동굴에서 명상을 하고 있는데 갑자기 이상한 소리가 들려왔어.

"읽어라! 신께서 사람들에게 전하시는 말씀이다!"

무함마드는 깜짝 놀랐지. 사방을 두리번거리며 살펴봤지만 아무도 보이지 않았어. 그런데도 소리는 계속 들려왔어.

"읽어라!"

무함마드는 겁이 나서 온몸이 떨렸어. 무엇을 읽으라고 하는지도 몰랐지.

"못 하겠습니다."

무함마드는 거듭 거절했지만 계속해서 '읽어라' 하는 소리가 들렸어.

"읽어라. 신의 말씀을 읽어라."

무함마드는 놀라고 당황해서 동굴 밖으로 나왔어. 그러자 이런 소리가 들렸어.

"너는 신의 사자이다!"

무함마드는 집으로 돌아와 자신이 겪은 일을 아내에게 이야기했어.

"기뻐하세요. 당신은 신의 선택을 받은 사람이에요. 당신은 예언자가 될 거예요."

아내의 말을 듣고도 무함마드는 자신이 신의 말을 전하는 예언자라는 것이 믿기지 않았어. 하지만 그 후에도 목소리는 계속 들려왔어. 무함마드는 신이 자신을 통해서 사람들에게 전할 말이 있다는 확신을 가지게 되었어. 그래서 자신이 들은 신의 말씀을 사람들에게 전하기 시작했지. 이렇게 해서 이슬람교라는 종교가 만들어지게 되었어.

이슬람교의 경전인 꾸란은 무함마드가 들은 신의 계시를 적은 책이야. 꾸란은 '읽다', '읊다'라는 뜻이야. 무함마드가 들은 신의 말씀을 그대로 읽은 것이라는 뜻이지. 무함마드에게 신의 말씀을 전해 준 목소리의 주인공은 가브리엘 천사였어.

 ## 무함마드를 마호메트라고 부르면 안 되는 이유

무함마드를 흔히 마호메트라고 부르기도 해. 하지만 이슬람교를 믿는 사람들은 무함마드를 마호메트라고 부르면 아주 싫어해.

이슬람교를 믿는 사람들이 마호메트라는 말을 싫어하는 이유가 있어. 마호메트는 단순히 무함마드를 영어나 프랑스어 등 유럽식으로 표현한 이름이 아니라고 생각해. 그 이유는 바포메트 때문이야. 바포메트는 유럽 전설에 나오는 악마야. 산양 혹은 염소의 머리를 하고 있고 검은 날개를 가진 모습으로 알려진 악마지.

이슬람에서는 '마호메트'는 바포메트와 무함마드를 합쳐서 만든 말이라고 생각하는 사람이 많아.

더 나아가 바포메트라는 악마의 이름이 무함마드에서 나왔다는 의견도 있어. 바포메트가 유럽에서 널리 퍼지게 된 건 1100년대 후반부터야.

그때는 유럽과 이슬람이 십자군 전쟁을 벌이던 시기였지.

유럽에서는 이슬람을 만든 무함마드에 대한 반감이 아주 컸던 때야. 바포메트라는 이름은 무함마드를 부르던 프랑스어 표현이 변형되어 만들어졌다는 의견이 많아. 그러니까 무함마드를 악마 이름처럼 만든 거지.

이슬람에서 무함마드를 마호메트라고 부르는 걸 싫어하는 이유를 알겠지?

그런 이유가 아니더라도, 아랍어 발음도 '무함마드'가 맞으니까 그냥 무함마드라고 부르는 게 맞아.

### 이슬람교의 이슬람이란 무슨 뜻일까?

많은 종교의 이름은 그 종교를 만든 사람의 이름을 따서 만들어져. 기독교를 크리스트교라고 하는데 크리스트는 기독교를 만든 예수를 뜻하는 말이야. 불교는 불교를 만든 싯다르타를 부처님이라고 부르는 것에서 유래했고, 조로아스터교도 조로아스터가 만든 종교이기 때문에 붙여진 이름이야. 그리고 유대교나 힌두교처럼 지역이나 민족의 이름을 붙이는 경우도 있어.

하지만 이슬람교를 무함마드교라고 하지는 않아. 가끔 이슬람교를 마호메트교라고 하는 사람들이 있는데 그건 정말 잘못된 거야. 이슬람교를 무함마드교나 마호메트교라고 하면 이슬람교를 믿는 사람들에게 큰 모욕이야. 이슬람교는 무함마드를 신으로 믿지 않아. 무함마드는 신의 말을 전해 준 예언자일 뿐, 신이 아니기 때문이지. 이슬람교는 오직 알라에게만 예배를 드리고 알라의 뜻에 복종하는 종교야.

이슬람이라는 말은 '평화'와 '복종'을 뜻하는 아랍어에서 나왔어. 이슬람은 무함마드를 통해 전해진 신의 말씀에 복종하여 평화를 얻는다는 의미이지. 그리고 이슬람교를 믿는 사람들을 '무슬림'이라고 하는데 이는 신의 말씀에 '복종하는 사람'이라는 뜻이야.

# 3. 이슬람 제국의 발전

## 신의 말씀을 전하는 무함마드

"신은 오직 알라 한 분뿐입니다. 알라 말고 다른 신은 없습니다."

무함마드는 사람들에게 신의 말을 전하기 시작했어. 당시 아라비아 사람들은 다양한 신들을 섬기고 있었어. 그런데 무함마드가 조상 대대로 믿어 오던 신들은 가짜이고 진짜 신은 알라밖에 없다고 한 거야. 사람들은 갑자기 이상한 말을 떠들고 다니는 무함마드가 미쳤다고 생각했어.

"알라는 어떻게 생긴 신이야?"

당시 사람들은 그림이나 조각으로 신의 모습을 만들었어. 옛날에는 신의 모습을 본뜬 조각상이 종교에서 중요한 역할을 했어. 조각상을 보면서 '우리는 저 분을 믿는다.'라고 자신이 믿는 존재를 확인할 수 있었기 때문이었지. 하지만 무함마드가 전하는 알라는 조각상도 그림도 없었어.

"알라가 어떻게 생겼는지 아무도 모릅니다. 우리 눈으로 볼 수 없지만 어디든 계시는 분입니다."

"뭐? 어떻게 생겼는지도 모르는 신을 어떻게 믿어?"

사람들은 무함마드를 비웃었어. 그래도 무함마드는 계속해서 사람들을 향해 외쳤어.

"알라를 믿지 않고 우상을 섬기면 지옥 불에 떨어지게 될 것입니다."

"그럼 우리 조상들은 모두 지옥 불에 떨어졌단 말이야?"

그러자 사람들은 화를 내며 무함마드를 비난했어.

"여자아이를 함부로 죽이지 마세요."

무함마드는 잘못된 관습을 고치고 올바르게 사는 법도 이야기했어. 그러자 시간이 지나면서 무함마드를 따르는 사람들이 생겨났어. 무함마드를 무시하고 조롱하던 사람들은 무함마드를 따르는 무리가 생기자 불안해졌어.

"감히 우리가 믿는 신들을 모욕하고, 우리의 전통을 무시하다니…… 무함마드를 가만히 두면 큰일 나겠어."

사람들은 무함마드를 죽이려고 했어.

### 이슬람 공동체가 만들어지다

무함마드는 위험을 피해서 야스립이라는 도시로 갔어. 야스립에서 무함마드는 자신을 따르는 사람들과 함께 이슬람 공동체를 만들었지. 훗날 세계의 중요한 문명이 된 이슬람 문명은 이렇게 태어났어. 그래서 무함마드가 야스립으로 간 사건은 아주 중요해. 이슬람에서는 무함마드가 야스립으로 간 해인 622년을 이슬람 달력의 시작으로 삼아. 야스립은 뒤에 '메디나'로 이름이 바뀌었어.

메디나에서 무함마드의 세력이 커지자 메카 사람들은 메디나를 공격했어. 메디나는 메카에 비해서 싸울 군사가 아주 적었어. 하지만 무함마드와 메디나 사람들은 용감히 싸웠어. 나 알리도 많은 전투에서 큰 승리를 거두었지. 우리가 메카와 맞서 싸워 이기는 것을 본 다른 부족들은 깜짝 놀랐어. 우리가 당시 가장 강력했던 메카를 이길 것이라고 생각하지 못했기 때문이었지.

"우리도 무함마드와 동맹을 맺고 싶습니다."

아라비아의 여러 부족이 무함마드와 동맹을 맺고 이슬람교를 받아들였어. 무함마드의 힘은 점점 더 커졌어. 그럴수록 많은 부족이 동맹을 맺었지. 이제 메카도 무함마드에게 맞설 수 없게 되었어.

무함마드는 630년에 메카를 정복했어. 메디나로 떠난 지 8년 만에 무함마드는 아라비아 반도를 통일한 거야.

"이슬람교를 믿는 모든 무슬림은 형제입니다."

여러 부족으로 갈라져 있던 아라비아 반도는 이슬람교로 하나가 되었어. 아라비아 반도는 이슬람교를 바탕으로 종교와 정치, 경제, 문화가 통합된 공동체가 된 거야.

### 대제국으로 발전한 이슬람

아라비아 반도를 통일한 무함마드는 632년에 세상을 떠났어.

세상에는 훌륭한 정치가도 있고, 전쟁에서 큰 승리를 거둔 장군들도 있고, 나라를 만들고 잘 다스린 왕들도 있지. 또 새로운 종교를 만들어 낸 사람들도 있어. 그런데 이 모든 일을 한 사람이 다 해냈다면 믿을 수 있겠어? 그 사람이 바로 무함마드야. 무함마드는 이슬람교라는 종교를 만들었고, 군사들을 통솔해 훨씬 세력이 큰 메카와의 전쟁에서 승리했지. 또한 이슬람 공동체를 잘 다스렸고, 나아가 이슬람 제국의 기초를 만든 사람이야.

무함마드가 죽은 후에도 그가 만들어 놓은 공동체는 계속해서 발전해 나갔지.

이슬람은 주변 지역을 정복해 나갔어. 636년에는 페르시아(사산 왕조)와의 전쟁에서 승리했고, 결국 651년경에는 페르시아를 완전히 정복했지. 641년에는 이집트를 정복했어. 무함마드가 아라비아를 통일한 지 10년도 되지 않아 이슬람은 아시아와 아프리카에 걸친 대제국이 되었어. 그 후, 더 나아가 유럽의 스페인 지역과 인도 북부까지 뻗어 나갔어.

 **서기와 이슬람력**

연도를 쓸 때 흔히 1987년, 2025년이라고 쓰지. 그런데 이런 연도는 어떻게 만들어졌을까?

지금 널리 쓰는 연도를 서기라고 해. 서기는 서양의 연도라는 뜻이야. 그리고 서기는 예수의 탄생을 기준으로 삼는, 기독교에서 나온 달력이야. 예수가 태어난 해를 기준으로 그 이전을 기원전, 그 이후를 기원후라고 하지. 영어로 기원전을 BC라고 하는데 이것은 Before Christ(비포 크리스트)의 줄임말로 예수 이전이라는 뜻이야. 그리고 기원후를 뜻하는 AD는 예수의 해라는 뜻의 Anno Domini(아노 도미니)라는 라틴어를 줄인 말이야. 2025년은 예수가 태어난 지 2025년 지난 해라는 뜻이야.

이슬람에서는 서기와 다른 달력을 사용해. 바로 이슬람력이지. 이슬람력은 무함마드가 메디나로 간 해를 기준으로 삼아. 무함마드가 메디나로 가면서 이슬람 공동체를 만들었기 때문이야.

그래서 이슬람력으로는 무함마드가 메디나로 간 622년 7월 16일이 원년 1월 1일이야.

서양식 달력의 2025년은 이슬람력으로 몇 년일까? 2025에서 622를 빼면 1403년 같지? 하지만 실제로 2025년은 이슬람력으로 1446년과 1447년 사이야.

이런 차이가 나는 이유는 이슬람력이 태양을 기준으로 만든 것이 아니라 달을 기준으로 만들었기 때문이야.

이슬람력의 1년은 365일이 아니라 354일이나 355일이야. 그래서 서양식 달력을 이슬람력으로 바꾸려면 복잡한 계산이 필요해. 2025년 4월 17일은 이슬람력으로 1446년 샤왈(10번째 달) 19일이야. 1446년은 무함마드가 메디나로 간 해(622년)로부터 1446년이 지난 해라는 뜻이지.

# 4. 둘로 나뉘진 이슬람 제국

### 무함마드의 후계자 칼리파

무함마드가 죽은 후, 누가 무함마드의 후계자가 되어야 하는가 하는 문제가 생겼어. 무함마드는 후계자를 정하지 않고 세상을 떠났거든. 무함마드의 아들이 있었다면 아들이 후계자가 되었겠지만 무함마드는 아들도 없었어.

무함마드의 후계자를 칼리파라고 불러. 칼리파는 신의 사도인 무함마드를 대신해서 일을 처리하는 사람이라는 뜻이야. 무함마드가 죽고 대표자들이 모여 누구를 칼리파로 뽑을지 회의를 했어.

"무함마드의 후계자는 당연히 알리지! 무함마드의 가장 가까운 친척이고, 신앙심과 충성심이 강하고, 누구보다 용감하고 똑똑하잖아. 무함마드가 가장 믿고 사랑한 사람도 알리라고!"

많은 사람이 내가 칼리파가 되어야 한다고 생각했어. 나는 무함마드의 사촌이면서, 남자 중에서 가장 먼저 무함마드의 제자가 된 사람이거든. 무함마드는 아들이 없었기에 나를 아들처럼 대했어. 중요한 일도 주로 나에게 맡겼고. 나는 가장 오랫동안 무함마드를 가까이서 모셨기 때문에 무함마드의 가르침을 가장 잘 이해하고 있었지. 무함마드가 위험할 때 나서서 구한 사람도 나였어. 전쟁이 일어나면 나는 칼을 휘두르며 전쟁터를 누볐어. 누구도 막을 수 없는 전사 중의 전사였지.

그런데 회의에서는 무함마드의 친구인 아부 바크르를 칼리파로 삼은 거야.

나를 따르던 사람들은 불만이 많았어.

"알리가 아니라 아부 바크르라니요? 이건 인정할 수 없습니다."

나는 얼른 아부 바크르를 지지했어.

"무함마드의 후계자로 가장 적합한 사람은 아부 바크르입니다."

그래야만 나를 따르는 사람들도 아부 바크르를 따를 테니까 말이야. 두 번째 칼리파에는 우마르가, 세 번째 칼리파에는 오스만이 뽑혔어. 나를 따르던 사람들의 불만은 점점 더 커져 갔지. 하지만 나는 새로 뽑힌 칼리파들을 지지하며 그들을 따랐어.

### 네 번째 칼리파가 된 알리

나는 오랜 기다림 끝에 네 번째 칼리파가 되었어. 그런데 내가 칼리파가 되자마자 문제가 생겼어.

"알리가 칼리파가 되기 위해서 오스만을 죽였다."

시리아 지역을 다스리는 무아위야가 이렇게 주장하며 반란을 일으킨 거야. 내가 칼리파가 되기 위해서 세 번째 칼리파였던 오스만을 죽였다는 거야. 결국 이슬람은 알리 파와 무아위야 파로 나뉘어 전쟁을 벌여야 했지. 전투는 우리에게 유리했어. 우리는 전투에서 계속 이기며 곧 반란을 일으킨 무아위야 무리를 진압할 것 같았어. 그런데 궁지에 몰린 무아위야가 꾀를 쓰기 시작했어. 전투에 나선 무아위야 파 군사들의 창끝에 꾸란을 뜯어서 붙이게 한 거야.

"꾸란은 신의 말씀을 적은 성스러운 책이다. 절대 꾸란을 훼손해선 안 된다."

나는 군사들에게 명령했어. 하지만 상대편 창끝에 붙어 있는 꾸란을 훼손하지 않고 전투를 할 수 있는 방법이 없었지.

전쟁이 길어지자 나는 무아위야와 협상을 하기로 했어. 나를 따르던 사람들은 조금만 더 공격하면 무야위야를 이길 수 있다며 협상을 반대했지. 하지만 나는 무슬림들끼리 싸우며 피를 흘리는 것을 더 이상 볼 수 없었어.

'시리아와 이집트는 무아위야가 갖는다.'

협상 결과 나는 가장 중요한 곳들을 무아위야에게 내주어야 했어. 전투에서는 이겼지만 협상에서 진 거지. 나를 따르던 많은 사람이 이 협상에 불만을 가졌어. 당연히 그랬겠지. 다 이긴 전쟁인데 괜히 협상을 해서 넓고 풍요로운 땅을 내주었으니 말이야.

한 무리의 사람들이 나를 찾아와 따졌어.

"어떻게 반역자 무아위야와 협상을 할 수 있습니까?"

나는 자초지종을 설명해 주었지.

"반역자와 협상을 한 당신은 칼리파의 자격이 없습니다."

그들은 칼을 빼 들었어. 나는 그렇게 허무하게 죽고 말았어.

### 순니파와 시아파로 나눠진 이슬람

내가 죽은 후 무아위야가 칼리파가 되었어. 그러자 이번에는 나를 따르던 사람들이 들고일어났어.

"무아위야는 칼리파가 아니다. 칼리파 자격도 없는 사람이 칼리파 자리를 빼앗았다."

나를 따르던 사람들은 나의 아들 하산을 중심으로 무아위야에게 맞섰어. 나를 따르던 사람들은 전쟁에서 졌고, 하산은 무아위야와 협상을 맺고 칼리파 자리를 넘겨주었지만, 나중에 독살당하고 말았어.

무아위야가 칼리파가 된 후부터는 대표들이 모여 선출하여 칼리파를 정하던 전통도 사라졌어. 무아위야가 자기 자손들에게 칼리파를 물려주었기 때문이었지. 이때부터 칼리파는 이슬람 공동체의 지도자라기보다는 이슬람 제국의 황제와 같은 위치가 되었어.

나의 죽음은 이슬람 역사에 아주 큰 영향을 미쳤어. 나의 죽음으로 이슬람은 두 갈래로 나누어졌거든. 나를 따르던 사람들은 무아위야와 그 후손들을 칼리파로 인정하지 않았어.

"알리만이 무함마드의 후계자이고, 알리가 죽은 후 더 이상 칼리파는 없다."

나를 따르던 사람들은 '이맘'이라는 지도자를 따로 세웠어. 이들을 '시아파'라고 불러. 시아파란 아랍어인 '시아트 알리'에서 나온 말로, 알리를 따르는 사람들이라는 뜻이야. 그리고 나를 따르지 않은 다수는 '순니파'로 불리게 되었지. 순니파란 아랍어로 '아흘루 순나 왈 자마아'에서 나온 말로, 예언자의 모범과 전통을 따르는 사람들이라는 뜻이야.

현재 전 세계 이슬람 인구의 약 85~90%가 순니파야. 사우디아라비아, 이집트 등 여러 나라가 대부분 순니파 국가에 속하지. 시아파는 이슬람 전체 비율의 10~15% 정도야. 이란은 대표적인 시아파 국가야. 다른 이슬람 국가들과의 관계가 좋지 않은 가장 큰 이유도 이란이 시아파 국가이기 때문이야.

순니파와 시아파의 갈등은 661년 내가 죽은 때부터 시작되어 1,400여 년이 지난 지금까지도 계속되고 있어. 더 정확하게 말하면, 순니파와 시아파의 갈등은 예언자 무함마드가 세상을 떠난 632년 후계자 문제에서 비롯되었어.

순니파와 시아파가 충돌해 사람들이 목숨을 잃는 일이 여러 나라에서 계속 일어나고 있지. 이 오랜 역사적 갈등은 오늘날에도 중동과 남아시아 일부 지역

에서 여전히 영향을 미치고 있어.

하지만 가장 중요한 점은, 순니파와 시아파 모두 같은 이슬람의 경전인 꾸란을 믿고 따르며, 예언자 무함마드를 신뢰하는 무슬림이라는 사실이야. 꾸란은 이슬람 신앙의 근본이 되는 책으로, 모든 무슬림이 삶의 지침으로 삼고 있어. 그 안에는 서로 다름을 넘어 공동체가 하나로 뭉쳐야 한다는 가르침이 분명히 담겨 있지. 예를 들어, 꾸란에서는 "모두 알라의 동아줄을 굳게 붙잡으라. 그리

고 분열하지 말라."라는 말씀이 있어. 이 말씀은 무슬림들이 서로 나누어져 싸우기보다는 함께 힘을 모아 평화롭게 살아가야 한다는 뜻이야.

    이슬람은 기본적으로 공동체가 함께하는 것을 중요하게 여겨. 종파나 의견이 다르더라도, 같은 신앙을 가진 사람으로서 서로를 인정하고 존중해야 한다고 가르쳐. 그래서 많은 무슬림들은 오래된 갈등이 있음에도 불구하고, 서로 잘 지내기 위해 노력하고 있어. 이슬람의 핵심 가치는 서로 나누어지거나 갈라지는 것이 아니라, 함께하는 데 있다는 점을 기억하는 게 중요해.

 **무아위야가 칼리파가 된 후에 이슬람은 어떻게 되었을까?**

　무아위야가 세운 왕조를 우마이야 왕조라고 불러. 우마이야 왕조는 약 90년 동안 이슬람 세계를 지배했지만, 750년에 아바스 왕조에게 멸망했어. 아바스 왕조는 수도를 바그다드로 정하고 새로운 칼리파 체제를 열었지.

　하지만 아바스 왕조가 이슬람 세계 전체를 다스린 것은 아니었어.

　우마이야 왕조의 왕자인 압두르 라흐만 1세가 스페인 지역으로 도망쳐 '코르도바 우마이야 왕조(또는 후기 우마이야 왕조)'를 세웠거든. 그는 자신이 우마이야 왕조를 잇는 유일한 정통 칼리파라고 주장했어.

　한편, 이집트를 중심으로 한 북아프리카 지역에서는 시아파가 중심이 되어 파티마 왕조를 세웠어. 파티마 왕조도 자신들이 이슬람의 정통을 잇고 있다고 말하며 별도의 칼리파를 세웠지.

　이렇게 이슬람에는 칼리파가 셋이나 생겼어. 칼리파는 종교 지도자이면서 왕의 역할도 하는 이슬람의 중심이야. 이슬람이 여러 나라로 나뉘어 있어도 칼리파가 한 명이라면 그를 중심으로 뭉칠 수 있어. 하지만 칼리파가 셋으로 나뉘었다는 것은 이슬람 사회가 정치적으로도, 종교적으로도 완전히 분열되었다는 걸 의미해.

제2장
세계를 바꾼 이슬람의 문화

# 1. 이슬람이 세계적인 대제국이 된 이유

## 이슬람이 대제국으로 발전한 이유

이슬람 세력은 급격하게 커져 대제국이 되었어. 이렇게 빨리 이슬람 제국이 커질 수 있었던 이유는 무엇일까?

이슬람 제국에는 뛰어난 장수들이 많았고, 군사들은 종교를 바탕으로 하나로 뭉쳤어. 무슬림은 이슬람의 영토를 넓혀 이슬람교를 전파하는 것이 신의 뜻이라고 생각했어.

"알라를 위해, 알라께서 원하시는 거룩한 일을 위해서는 기꺼이 죽을 수도 있어!"

이슬람교를 믿는 사람들은 전쟁에서 죽는 것도 두려워하지 않았어. 오히려 전쟁에서 죽는 것을 영광으로 생각했지. 이런 종교의 힘으로 이슬람 군대는 최강의 군대가 되었어.

이슬람이 정복한 지역은 대부분 비잔티움 제국과 사산 왕조(페르시아 제국)의 땅이었어. 비잔티움과 페르시아는 넓은 땅과 막강한 군대를 가진 대제국이었지. 하지만 당시 두 나라는 서로 오랫동안 전쟁을 하느라 모두 힘이 약해져 있었어. 또 비잔티움과 페르시아는 사람들에게 엄청나게 많은 세금을 거두어들이고, 사람들을 전쟁터로 내몰기도 했어.

"이슬람은 세금도 적게 걷고, 사람들을 괴롭히지 않는대."

"이슬람이 오면 지금보다는 살기 좋아지겠는걸."

비잔티움과 페르시아에게 고통받던 사람들은 이슬람 군대를 침략자라기보다는 자신들을 고통에서 해방시켜 줄 사람들로 여겨 환영하기도 했어.

이슬람 제국이 커지면서 이슬람 제국이 정복한 곳에 살던 사람들은 이슬람교를 자연스럽게 받아들였지.

### 한 손에는 코란 한 손에는 칼?

이슬람교는 어떤 종교보다도 빠르게 전파된 종교야. 이를 두고 유럽의 학자들은 '한 손에는 코란, 한 손에는 칼.'이란 말로 그 이유를 설명하기도 해. 코란은 이슬람교의 경전인 꾸란을 유럽식으로 읽은 거야. 꾸란, 즉 이슬람교를 받아들일지, 칼을 받고 죽을지 강요했다는 의미지. 이슬람이 이슬람교를 믿지 않으면 죽이겠다고 협박해서 강제적으로 믿게 했다는 거야. 하지만 이 말은 사실이 아니야. 유럽 사람들이 이슬람교는 폭력적이고 야만적인 종교라고 선전하기 위해 만들어 낸 말일 뿐이야.

이슬람교 경전인 꾸란은 이슬람교를 강요하지 말라고 가르치고 있어.

"신께서 원하셨다면 모든 사람에게 한 종교만을 주셨을 것이다. 그러나 신은 그렇게 하지 않으셨다."

"믿음은 오직 신에게서 오는 것이다. 그런데 어찌 사람들에게 믿음을 강요하겠는가?"

"종교에는 강요가 없다. 진리는 어둠 속에서도 드러난다."

꾸란의 가르침을 따랐던 이슬람 제국은 사람들에게 강제로 이슬람교를 믿게 하지 않았어. 두 번째 칼리파였던 우마르는 이런 정신을 잘 보여 주었지. 우마르는 이스라엘의 예루살렘을 정복했어. 예루살렘은 유대교와 기독교의 중심지였어. 예루살렘 사람들은 이슬람이 자신들을 죽이지 않을까, 자신들의 종교를 버리고 이슬람교를 믿게 하지 않을까, 걱정했어. 당시 대부분의 나라는 정복한 나라에 자신들의 종교를 일방적으로 강요했거든. 하지만 이슬람은 달랐어.

"내가 마음만 먹으면 이 교회들을 이슬람 사원으로 바꿀 수 있다. 하지만 우리는 그러려고 온 것이 아니다. 우리 무슬림은 그런 짓을 하지 않는다. 너희는 지금까지처럼 살고 너희가 원하는 신을 믿어라. 지금부터는 우리 무슬림이 너희와 함께 살아갈 것이며, 우리는 우리 방식대로 신을 섬기며 더 나은 모범을 보일 것이다. 너희가 보고 마음에 들면 우리를 따르라. 마음에 들지 않는다면 너희가 원래 하던 대로 해도 괜찮다."

우마르는 예루살렘 사람들에게 이렇게 말했어.

"다만 너희는 정복당한 사람들이기 때문에 세금을 내야 한다. 그러나 이슬람교를 믿는다면 이 세금을 내지 않아도 좋다."

이슬람 제국은 정복한 지역 사람들에게 세금을 거두어들였어. 하지만 이 세금도 그전 비잔티움 제국이나 페르시아 제국에 비해서 아주 적었어. 사람들은 세금을 내야 했지만 불만은 크지 않았어.

그전까지는 전쟁에 져서 정복을 당하면 수많은 사람이 학살을 당하고, 살아남더라도 엄청 많은 세금을 내야 했어. 또 자신들이 믿던 종교를 믿을 수 없게 되는 경우도 많았어. 하지만 당시의 이슬람은 사람들을 학살하지도 않았고, 종교를 강요하지도 않았어.

이것이 바로 이슬람이 세계적인 대제국이 되고, 이슬람교가 널리 퍼지게 된 가장 큰 이유야. 이슬람의 너그러움과 다름을 인정하는 정신, 즉 평화의 정신 덕분이었지. 사람들은 자신의 땅에 이슬람 제국이 들어오는 것을 결사적으로 막지 않았어. 이슬람에 대해서 좋은 인상을 가진 사람들은 자연스럽게 이슬람교에 관심을 보였지.

또한 이슬람교를 믿는 모든 무슬림은 형제라는 무함마드의 가르침도 이슬람교가 퍼지는 데 큰 역할을 했어. 그전에는 정복당한 곳에 살던 사람들은 심한 차별을 받았어. 그런데 이슬람 제국은 정복당한 곳에 살던 사람들도 이슬람교를 믿으면 같은 형제로 인정해 주었어. 이슬람교는 강요를 통해서가 아니라 사람들이 자연스럽게 받아들이면서 전파되었던 거야.

### 딤미(Dhimmī)란?

이슬람은 유대교와 기독교를 이슬람교와 같은 신을 믿는 종교라고 인정했어.

딤미는 이슬람 국가에 사는 유대교도나 기독교도를 믿는 사람들을 말해. 이들은 이슬람교를 믿지는 않지만, 무슬림들과 함께 살아갈 수 있도록 특별히 보호를 받았어. 대신 이슬람교도와는 다른 세금(지즈야)을 내고, 사회적으로 몇 가지 제한을 받아야 했지. 그래도 종교를 자유롭게 믿을 수 있었고, 생명과 재산도 보호받았기 때문에 이슬람 사회 안에서 함께 살아가는 공존의 방식 중 하나였어.

## 2. 동서양의 문화를 하나로

### 세계사에서 무시당하는 이슬람

흔히 세계 문화를 유럽의 서양 문화권과 중국을 중심으로 한 아시아의 동양 문화권으로 구분해. 세계사도 유럽 중심의 서양 역사와 중국, 일본, 한국 등을 중심으로 한 동양 역사로 구분하지. 하지만 서양 문화권도 아니고 동양 문화권도 아닌 또 다른 문화권이 있어. 그것이 바로 이슬람 문화권이야.

이슬람은 서아시아를 중심으로 아프리카 북부, 유럽 일부에 걸쳐 1,400여 년 동안 독특한 문화를 만들어 왔어.

이슬람이 차지한 땅은 유럽 전체 땅의 몇 배나 되고, 인구수도 유럽 인구보다 훨씬 많았어. 하지만 많은 사람이 이슬람의 문화에 대해서는 별 관심이 없어. 세계사도 유럽을 중심으로 쓰면서 몇몇 사건에서 이슬람을 잠깐 언급하는 정도에 그치는 경우가 많아. 우리는 유럽의 역사와 문화만큼 이슬람의 역사와 문화도 인정해 주어야 해.

### 동서양의 문화가 어우러진 이슬람 세계

이슬람 제국은 아시아, 유럽, 아프리카 세 대륙에 걸쳐 있었어. 유럽의 서양과 중국, 인도를 비롯한 동양의 중간에 있었지. 그러다 보니 동양과 서양을 잇는 국제 무역을 하기 좋았어. 이슬람 상인들은 아프리카, 중국, 인도 등 곳곳을 누비고 다녔어.

이슬람 제국의 중심지였던 바그다드는 세계적인 도시로 발전해 나갔어. 바그다드에는 중국의 비단, 종이, 도자기 외에도 인도의 향신료와 염료, 아프리카의 황금과 상아, 중앙아시아의 보석 등 세계 각지의 상품들이 모여들었어. 말 그대로 바그다드는 세계 무역의 중심지였지.

이슬람 제국에는 동양과 서양의 우수한 문화도 들어왔어. 이슬람 제국은 인류의 4대 문명 중 이집트 문명과 메소포타미아 문명이 만들어진 곳에 있었어. 또한 인도의 인더스 문명, 중국의 황하 문명과도 이웃해 있었지. 이슬람 제국은 자연스럽게 인류의 4대 문명을 모두 받아들일 수 있었던 거야.

페르시아의 우수한 문화도 이슬람 땅에 있었어. 서양 문명의 꽃이라고 할 수 있는 고대 그리스 문명도 이슬람이 계승하고 발전시켰지. 소크라테스, 플라톤, 아리스토텔레스 등 고대 그리스에는 다양한 분야를 연구해서 큰 업적을 남긴 많은 학자가 있었어. 하지만 유럽 사람들이 고대 그리스 문화에 관심을 가진 것은 1300년대 르네상스가 시작되면서부터였지. 당연히 그때는 유럽에 남아 있는 그리스 책들이 별로 없었어. 그리스 문화에 관심이 없었으니 책들을 소중하게 보관했을 리가 없지.

"고대 그리스에는 찬란한 학문과 문화가 있었어. 그런데 남아 있는 책이 없는데 어떡하지?"

"이슬람에서 고대 그리스 책들을 아랍어로 번역했대. 그것을 빌려 와야겠어."

유럽에서는 이슬람이 아랍어로 번역한 그리스 책들을 다시 번역해서 봤지. 이슬람이 없었다면 고대 그리스의 찬란했던 문화는 지금까지 전해지지 않았을 지도 몰라.

　이슬람은 중국의 종이, 화약, 나침반 등과 같은 과학 기술, 인도의 수학과 천문학 등도 받아들였어.

　이슬람은 이렇게 동양과 서양의 여러 문화를 받아들여 새롭게 발전시켰지. 그 결과 이슬람은 뛰어난 문화를 가지게 되었어. 반면 당시 유럽은 이슬람과는 비교할 수 없을 정도로 뒤처져 있었고, 1000년대에 십자군으로 이슬람 땅에 왔던 유럽 사람들은 이슬람의 도시와 문화를 보고 깜짝 놀랄 정도였지.

## 3. 세계에 전해진 이슬람의 과학

### 아라비아 숫자와 이슬람의 학문

　우리가 지금 쓰는 1, 2, 3 같은 숫자를 '아라비아 숫자'라고 해. 사실 이 숫자는 처음에는 인도에서 만들어졌어. 그럼에도 불구하고 '아라비아 숫자'라고 부르는 이유는, 이 숫자 체계를 유럽에 전한 사람들이 바로 아라비아 지역 사람들이었기 때문이야. 유럽 사람들은 아라비아 사람들이 전해 주었다고 해서 아라비아 숫자라고 불렀거든.

　옛날 유럽에서는 Ⅰ, Ⅱ, Ⅲ 같은 로마 숫자를 썼는데, 이 숫자는 너무 길고 복잡했어. 예를 들어 4,388을 로마 숫자로 쓰면 MMMM C C C L X X X Ⅷ이야. 로마 숫자로 곱셈이나 나눗셈 같은 계산을 하는 건 엄청나게 어려워. 복잡한 곱셈표를 이용해서 숫자들을 나누고 다시 조합해서 계산해야 해.

### 학문이 발전하지 못한 중세 유럽

400년대부터 1400년대까지 유럽에서는 기독교가 모든 것을 지배했어. 이 시기를 유럽의 중세 시대라고 해. 이 시기의 유럽에는 학문의 발전이 없었어. 그리스나 로마가 이룩한 학문도 제대로 이어받지 못했지. 시간이 지나면서 유럽의 학문은 발전하기보다는 뒤처져 갔어.

고대로부터 수백 년의 시간이 지나면서 웃지 못할 일도 벌어졌어. 유럽 사람들은 고대 그리스, 로마 시대에 만들어진 건축물을 보고 이렇게 말하기도 했어.

"사람이 어떻게 저런 것을 만들 수 있단 말이야? 저건 악마가 만든 것이 분명해."

유럽 사람들은 로마 숫자에 비해 훨씬 간단하고 계산에 유리한 아라비아 숫자를 보고 큰 충격을 받았어.

"아라비아 사람들이 전해 준 이 숫자는 정말 대단한데. 계산도 아주 쉬워."

이슬람이 유럽에 전해 준 숫자 덕분에 유럽 사람들은 편리하게 계산을 할 수 있게 됐어.

지금 세계적으로 널리 쓰이고 있는 수학의 많은 기본 개념이 아라비아 학자들에 의해 발전되었어. 방정식을 비롯한 많은 수학 체계가 이슬람에서 만들어졌거나 획기적으로 발전했지.

화학을 비롯한 여러 과학 분야는 이슬람 세계에서 본격적으로 학문으로 발전했어. 예를 들어 '알코올', '알칼리', '알데하이드' 같은 단어들은 모두 '알' 자로 시작하는데, 이건 아랍어에서 유래한 말들이야. 실제로 이 단어들은 지금도 전 세계에서 쓰이는 중요한 화학 용어들이지. 왜 이런 말들이 아랍어에서 나왔을까? 그건 화학이 이슬람 세계에서 먼저 체계적으로 연구되었기 때문이야. 화학뿐만 아니라 의학, 천문학, 지리학 같은 과학들도 이슬람에서 크게 발전한 뒤 유럽에 전해졌단다.

 ## 아랍어의 '알'

아랍어에서 '알'은 영어의 'the'와 비슷한 말이야. 어떤 대상을 특별히 가리킬 때 쓰이지. 우리말에는 이런 표현이 따로 없기 때문에 그대로 번역하기는 어려워. 예를 들어 영어에서 apple은 그냥 '사과'지만, the apple은 특정한 '그 사과'를 말하잖아? 아랍어의 '알'도 비슷한 역할을 해.

뉴스에서 들어 본 적 있을 '알카에다'나 '알자지라' 같은 말도 이런 식으로 만들어졌어. '알카에다'는 '규범'이라는 뜻의 카에다에 '알'을 붙인 말이야. 그러니까 '그 규범', 혹은 '규범을 따르는 단체'라는 의미가 되는 거야. '알자지라'는 '섬'이라는 뜻의 자지라에 '알'을 붙인 말이야.

القاعدة ال
알카에다

알자지라

알콜

### 유럽을 발전시킨 이슬람의 학문과 기술

이슬람은 국제 무역을 활발히 했다고 했지. 아라비아 상인들은 말이나 낙타를 이용해서 육지로 가거나 배를 타고 아주 먼 나라까지 갔어. 인도와 중국을 거쳐 지금의 한국인 고려까지 가기도 했지.

세계 지도에서 아라비아 반도와 한국을 찾아봐! 정말 멀리 떨어져 있지? 지금도 배를 타고 가기에는 정말 먼 거리야. 그런데 옛날에 배를 타고 그 먼 곳을 가기란 쉬운 일이 아니었지. 먼저 먼 곳까지 항해할 수 있는 튼튼한 배가 있어야 해. 또 목적지를 찾아가기 위해서는 항해하는 기술도 필요하지. 900년대에 이미 이슬람은 이런 배를 만드는 기술과 항해술을 가지고 있었어. 물론 이 기술들은 중국을 비롯한 여러 나라의 기술을 받아들여 만든 것이지.

이슬람의 이런 기술은 다시 유럽에 전해졌어. 유럽은 이 지식과 기술을 이용해서 세계 곳곳으로 항해를 시작했고, 아메리카를 비롯한 세계 곳곳을 식민지로 삼았지. 만약 이슬람이 전해 준 기술이나 지식이 없었다면 유럽은 세계 곳곳에 식민지를 만들지도 못했을 거야.

이슬람에서 과학 기술과 학문이 발전할 수 있었던 것은 단순히 동서양에 걸친 넓은 땅을 가지고 있었기 때문만은 아니었어. 이슬람 제국은 정복한 지역을 너그럽게 대하고 다름을 인정했다고 했지. 이런 이슬람의 평화 정신이 이슬람에서 학문이 발전할 수 있었던 가장 큰 이유였어. 이슬람은 다른 문화를 존중하고 받아들여 화합하려고 했지. 이런 과정 속에서 페르시아의 문학, 그리스의 철학과 과학, 인도의 수학, 중국의 기술 등을 합쳐 새롭게 발전해 나갔지.

# 제3장
## 이슬람은 무엇을 믿나?

# 1. 이슬람교의 경전인 꾸란

## 꾸란과 다른 종교 경전의 차이점

각 종교마다 그 종교의 가르침을 적은 경전이 있어. 기독교에는 성경, 불교에는 불경이 있지. 꾸란은 이슬람교의 경전이야.

꾸란은 다른 종교의 경전과 차이가 있어. 그게 무엇인지 알기 위해서 다른 종교의 경전들이 어떻게 만들어졌는지 먼저 살펴볼까.

유대교의 경전은 구약 성경이야. 구약 성경 중에서도 창세기, 출애굽기, 레위기, 민수기, 신명기는 유대교에서 가장 중요한 경전이지. 이 다섯 경전은 모두 모세와 관련이 깊은 책들이기 때문에 모세 5경이라고 불러. 모세 5경에는 신이 모세에게 말한 율법들이 적혀 있지. 유대교에서는 이 율법들을 지켜야 신에게 가까이 가고 신이 축복을 내릴 것이라고 믿어.

그런데 모세 5경은 모세가 죽고 난 후 수백 년이 지난 후에야 비로소 책으로 만들어졌어. 모세 5경 이외에 이스라엘 역사를 적은 역사책들, 예언자들의 예언을 담은 책들, 그리고 시와 지혜가 담긴 책들이 모여 구약 성경이 되었어.

기독교의 경우, 처음에 예수의 제자들은 자신들이 보고 들었던 예수의 가르침을 사람들에게 전했어. 그런데 시간이 지나면서 예수와 함께 생활했던 제자들이 세상을 떠난 거야. 예수의 말을 직접 들은 사람들이 점점 줄어들자, 사람들은 예수의 가르침을 적어 책으로 만들기 시작했어. 책으로 적어 두어야 예수의 가르침이 잊히지 않을 테니까 말이야. 거기에 예수의 제자들과 초기 기독교

지도자들이 교회에 보낸 편지들이 더해져 엮인 것이 바로 신약 성경이야. 신약 성경은 예수가 세상을 떠난 뒤 수십 년이 지나 만들어졌어.

불교의 경전인 불경도 싯다르타가 세상을 떠난 후에 쓰였어. 싯다르타는 45년 동안 수많은 사람을 만났고, 그 사람들에게 각각 다른 가르침을 주었어. 싯다르타가 죽자 500여 명의 제자들이 모여 각자가 기억하는 싯다르타의 가르침을 이야기했어.

"나는 이렇게 들었다……"

이것을 모아서 정리한 것이 불경의 시작이었지. 시간이 지나면서 여러 가지 경전들이 만들어졌어. 불교의 경전은 몇 권이나 되는지 알 수 없을 정도로 많지.

성경이나 불경 같은 종교 경전들의 공통점이 뭔지 알아?

바로 처음에는 글로 쓰지 않고, 사람들이 입에서 입으로 전해 왔다는 거야. 나중에 각자가 기억하고 전하던 가르침을 모아 글로 정리하면서 경전이 만들어졌어. 하지만 사람의 기억은 완벽하지 않지. 전해지는 과정에서 일부가 빠지거나 덧붙여질 수도 있었고, 개인적인 해석이나 생각이 들어갔을 수도 있어.

하지만 이슬람의 경전인 꾸란은 조금 달라. 무함마드는 약 23년 동안 신의 가르침(계시)을 전했고, 그것을 적은 책이야. 그래서 이슬람에서는 꾸란이 사람의 해석이나 의견 없이 신의 말씀 그대로 보존된 유일한 경전이라고 여겨.

이슬람에서는 꾸란을 다른 언어로 '번역'하는 것이 금지되어 있어. 다른 나라 말로 바꾸는 과정에서 의미가 달라질 수 있기 때문이야.

그럼 꾸란을 읽으려면 반드시 아랍어를 배워야 할까? 꼭 그렇지는 않아. 한국어, 영어를 비롯해 많은 언어로 꾸란을 읽을 수 있어. 이것은 번역이 아니라, 아랍어를 모르는 사람들을 위해 꾸란을 해설해 주는 것일 뿐이라고 해. 꾸란은 어떤 언어로 옮기더라도 아랍어 원문도 함께 실려 있어. 혹시라도 잘못 해석된 부분이 있는지 확인할 수 있도록 하기 위해서야.

이렇게 해서 꾸란은 약 1,400년 동안 신의 말씀이 처음 전해졌던 그대로, 아랍어 원문으로 전해져 왔어.

### 이슬람의 바탕인 꾸란

그렇다면 꾸란이 신의 말씀이라는 것을 어떻게 알 수 있을까?

그에 대한 확실한 이유를 설명하거나 증거를 보여 줄 수는 없어.

다만 한 가지 이야기할 수 있는 것은 꾸란이 무함마드가 지어낸 것이라고는 믿기 어렵다는 점이야. 무함마드는 교육을 제대로 받지 못했어. 글자도 잘 몰라 겨우 자기 이름을 쓸 정도였지. 그런데 꾸란에는 철학, 경제, 정치, 역사 등 다양한 분야의 깊은 지식이 담겨 있어. 그리고 어떤 시보다도 아름다운 문장으로 되어 있어서 전체가 하나의 시처럼 읽혀. 교육을 제대로 받지 못한 무함마드가 이 모든 것을 알았다고 믿기 어렵지. 그래서 무슬림들은 꾸란이 무함마드의 말이 아니라 신의 말씀이라고 확신해.

꾸란은 신약 성경의 5분의 4 정도 되는 분량이야. 꾸란은 단순한 종교 경전을 넘어서 이슬람의 법, 제도, 도덕, 경제 등 모든 분야를 지배하고 있어. 이슬람의 법은 꾸란을 바탕으로 만들어졌고, 경제 제도도 꾸란에 기초했지. 또한 사람들이 지켜야 할 도덕이나 규칙도 꾸란의 가르침을 따르고 있어.

이슬람 국가에 가면 꾸란을 낭송하는 소리를 쉽게 들을 수 있어. 무슬림은 꾸란을 낭송하는 소리를 듣고 태어나, 꾸란을 낭송하며 살고, 꾸란을 낭송하는 소리를 듣고 세상을 떠난다는 말이 있어. 이 말은 과장이 아니야. 무슬림들은 평생을 꾸란과 함께 생활하지.

## 2. 이슬람교의 알라는 기독교의 신과 다를까?

### 기독교가 알라를 믿는다?

"이슬람교는 알라신을 믿는다."

이 문장에서 틀린 곳은 어딜까? 어디가 틀렸는지 잘 모르겠지. 바로 알라신이라는 표현이 잘못된 거야. 흔히 알라를 알라신이라고 쓰기도 하지만 이건 잘못된 표현이거든.

알라는 그리스 로마 신화에 나오는 제우스, 포세이돈과 같은 신의 이름이 아니야. 아랍어의 알라라는 말은 지극히 높은 유일한 신이라는 의미야. 쉽게 말하면 알라라는 말은 그 자체로 신이라는 뜻이지. '알라신'이라고 하면 '신신'이라는 말이 되어 버려. 그러니 알라신이라는 말은 잘못된 표현인 거야.

알라가 흔히 이슬람교가 믿는 신만을 의미한다고 생각하기 쉬워. 그런데 시리아, 말레이시아 같은 일부 이슬람권 국가의 기독교인들은 자신들이 믿는 기독교의 신도 '알라'라고 부르기도 해.

말레이시아에서는 이런 일이 있었어. 기독교 성경 번역본에 '하나님'을 뜻하는 말로 '알라'라는 표현을 쓰자, 일부 무슬림들이 "알라는 이슬람에서 쓰는 말이다. 기독교는 알라라는 말을 쓰면 안 된다."라며 반발했어. 이에 말레이시아 기독교 교회는 법원에 "기독교도 알라라는 단어를 쓸 수 있게 해 달라."고 재판을 신청했어. 법원은 이렇게 판단했어.

"'알라'는 특정 종교에만 속한 고유 명사가 아니라, 신을 뜻하는 일반적인 표현이다. 어떤 종교든 알라라는 말을 쓸 수 있다."

이 판결 이후 말레이시아에서는 기독교에서도 '알라'라는 단어를 사용할 수 있게 되었지만, 일부 무슬림들은 이에 강하게 반대했어. 이 문제는 사회적 갈등으로 이어지기도 했지.

그러니까 '알라'는 이슬람의 신만을 지칭하는 고유한 이름이 아니라, 우리말의 '신', '하느님'이나 영어의 'God'와 같은 의미야. 실제로 우리나라 무슬림들 중에는 '알라'를 '하느님(하나님)'이라고 부르는 사람들도 있어.

### 알라와 하나님은 같다?

단어의 뜻만 비슷한 것이 아니야. 이슬람교의 알라, 유대교와 기독교의 하느님(하나님)은 실제로 거의 같은 신이라고 볼 수 있어.

무슬림들은 이렇게 이야기해.

"이슬람의 경전인 꾸란은 신이 무함마드에게 내려 준 계시를 적은 책이다. 그런데 알라는 무함마드 이전에도 여러 예언자를 통해서 자신의 뜻을 전해 주었다. 무함마드 이전에 내려진 계시를 적은 책이 바로 구약 성경과 신약 성경이다. 알라는 무함마드를 통해서 유대교와 기독교의 부족했던 점을 채워서 완성된 종교를 만들었다. 그것이 바로 이슬람교이다."

이슬람의 '알라'와 기독교의 '하나님'은 같은 신을 가리킨다고 볼 수 있어. 유대교와 기독교에서 '야훼(여호와)'라고 부르는 신을, 이슬람에서는 '알라'라고 부르는 거야. 유대교, 기독교, 이슬람교 이 세 종교는 모두 유일신을 믿으며, 그 신이 6일 만에 세상을 창조하고, 마지막 날에 세상을 심판한다는 등 중요한 교리는 대부분 같아.

다만 다른 것이 있다면 예수의 존재를 어떻게 볼 것인가 하는 점이야. 기독교에서는 예수를 사람들을 구원하기 위해 신이 자신의 아들을 보낸 것으로 믿어. 신이 사람의 모습으로 이 세상에 내려왔다는 것이지. 또한 사람들을 인도하고 보살피는 성령도 신의 한 모습이라고 믿어. 신은 하나지만, 그 역할과 모습은 하나님인 성부, 예수인 성자, 그리고 신성한 영인 성령 이 세 가지로 나타난다는 거야. 이게 바로 기독교의 삼위일체야.

그에 반해 이슬람교에서는 예수를 신의 아들로 보지 않아. 꾸란에서는 "알라는 자식을 낳지도 않으며, 태어나지도 않으며 그분과 같은 것은 하나도 없다."라고 분명하게 말하고 있어. 결국 신은 자식을 낳지 않기 때문에 예수는 신의 아들이 아니고, 신과 같은 것은 하나도 없기 때문에 신의 다른 모습인 성령도 없다는 것이지.

어찌 보면 별 차이 아닌 것 같지? 하지만 이 차이는 유대교나 이슬람교가 기독교와 나뉘는 가장 근본적인 이유야. 예수가 신의 아들이라는 점은 기독교의 가장 중요한 믿음 중 하나지. 하지만 유대교와 이슬람교는 이 점을 인정하지 않거든.

 **기독교와 이슬람교의 뿌리, 유대교**

유대교가 정확히 언제 만들어졌는지는 정확하지 않아. 다만 고대 유대인들의 종교가 모세가 유대인들을 데리고 이집트를 탈출한 사건을 계기로 체계화되었을 것이라 추측할 뿐이지. 출애굽이라고 알려진 이집트 탈출 사건은 약 3,300년 전에 일어났어. 현재 유대교는 이스라엘 민족인 유대인들만 믿는 종교야.

하지만 유대교가 인류 역사에 미친 영향은 아주 커. 기독교와 이슬람교가 유대교에 뿌리를 두고 있기 때문이야.

유대교는 야훼(여호와)를 유일한 신으로 믿으며, 그 경전이 구약 성경이야. 예수도 유대인이었고 유대교의 경전인 구약 성경을 바탕으로 사람들에게 가르침을 전했어. 따라서 예수는 유대교인으로 볼 수 있지.

하지만 예수의 가르침은 당시 유대교와 여러 면에서 달랐어. 특히 신에 대한 이해가 가장 컸지. 유대교에서는 야훼가 유대인들만의 신이며, 유대인만을 구원할 것이라고 믿었어. 반면, 예수는 야훼를 모든 사람의 신으로 전했지.

예수의 이런 가르침을 바탕으로 신약 성경이 만들어졌고, 유대교에서 벗어난 새로운 종교인 기독교가 탄생했어.

이슬람교는 유대교와 기독교의 가르침 위에 꾸란을 추가해 만들어진 종교야.

유대교, 기독교, 이슬람교뿐만 아니라 모든 종교는 서로 영향을 주고받으며 발전해 왔어. 불교는 인도의 힌두교 영향을 받아 만들어지고 발전했어.

불교와 그리스 신들은 아무런 상관이 없는 것 같지만, 흥미로운 사실이 있어.

초기 불교에는 부처의 모습을 조각한 불상이 없었어.

불상을 만들기 시작한 건 인도 북서부 간다라 지역이야. 이 지역에 그리스 문명이 전해지면서 제우스, 포세이돈 같은 그리스 신들의 조각 양식도 함께 들어왔어. 이걸 본 불교 신자들은 비슷한 양식으로 불상을 만들었어. 그래서 간다라 지역의 부처님 조각은 그리스 신들과 비슷한 모양을 하고 있어. 불교와 그리스 문화가 융합된 간다라 지역의 독특한 미술 양식을 간다라 미술이라고 해.

이처럼 모든 종교와 문화는 서로 영향을 주고받으며 발전해 왔어.

## 3. 이슬람교에서도 예수를 존경한다?

### 이슬람교도 예수를 존경한다?

예수에 대해서 모르는 사람은 없을 거야. 예수는 2,000여 년 전에 태어나 3년 정도 사람들에게 가르침을 전하고 서른세 살의 젊은 나이에 세상을 떠났어. 하지만 예수는 인류 역사에 엄청난 영향을 미쳤지.

예수의 가르침을 따르던 사람들은 시간이 지나면서 기독교라는 종교를 만들었어. 서양, 특히 유럽에서는 기독교가 중세 동안 정치, 문화, 예술, 학문에 이르기까지 거의 모든 분야에 깊은 영향을 끼쳤지. 그래서 기독교를 빼고는 서양의 역사와 문화를 이야기하기 어려워. 기독교는 오늘날에도 전 세계에서 가장 많은 사람이 믿는 영향력 있는 종교야. 예수의 삶과 가르침은 2,000년이 넘는 시간 동안 인류의 역사와 문화를 움직여 온 셈이지.

그렇다면 이슬람교에서는 예수를 어떻게 볼까? 오늘날 일부 지역에서 기독교와 이슬람교 간에 갈등이 있기 때문에, 이슬람교에서는 예수를 싫어할 것이라고 생각하기 쉬워. 하지만 그렇지 않아. 이슬람교에서도 예수를 존경해. 예수는 꾸란에서 가장 자주 언급되는 인물 중 하나야.

꾸란에서는 예수에 대해 어떻게 이야기하는지 살펴볼까?

천사가 말했다.

"마리아여, 신이 너에게 복음을 주셨다. 아들을 낳을 것이니 그 이름은 메시아 예수이다. 그는 지금 세상과 죽은 뒤에 세상의 훌륭한 주인이시다."

마리아가 말했다.

"제가 어떻게 아이를 가질 수 있습니까? 저는 아직 결혼도 하지 않았습니다."

천사가 말했다.

"그렇게 될 것이다. 신의 뜻이라면 가능하다. 신이 '있어라'고 말하면 있게 된다."

신이 말했다.

"예수야, 내가 너를 불러 내게로 승천하게 할 것이다. 너를 따르는 자들이 부활하는 그 날까지 믿지 않는 자들 위에 있게 하겠다."

이 구절들은 기독교 성경이 아니라 이슬람의 경전 꾸란에 나오는 말들이야. 이슬람에서도 예수가 사람의 아들이 아닌 신의 기적으로 태어난 존재이고, 메시아이며, 신께서 승천시켰다는 것을 인정해. 다만 신의 아들이라는 점은 받아들이지 않아.

꾸란에서는 예수의 탄생을 이렇게 이야기해.

신이 아담에게 그랬듯이 예수도 마찬가지이다. 신이 흙으로 아담을 만들고 그에게 있으라, 라고 말씀하시니 아담이 생겨났다.

아담은 신이 흙으로 만든 최초의 인간이야. 그래서 부모가 없었지. 꾸란은 예수도 아담처럼 신의 직접적인 창조로 태어났다고 말해. 그러니까 무슬림에게 예수는 사람의 아들도, 신의 아들도 아닌 신의 기적으로 태어난 존재야.

이슬람교에서는 예수를 무함마드처럼 신의 말씀을 전한 위대한 예언자 중 하나로 여겨. 그래서 무슬림은 예수의 이름을 말할 때 '존경하는 예수' 혹은 '평화가 그분에게 깃들기를' 같은 표현을 붙이며 최고의 존경을 표해.

### 성경의 예언자들을 믿는 이슬람교

이슬람은 예수뿐만 아니라 성경에 등장하는 많은 인물도 알라의 예언자라고 믿어. 꾸란에는 이런 말이 적혀 있어.

> 너희는 말하라. 우리는 알라를 믿으며, 우리에게 주신 말씀과 아브라함과 이스마엘, 이삭, 야곱과 그 자손들에게 내려진 계시와, 모세와 예수에게 내려진 계시와 예언자들이 당신에게 받은 계시를 믿습니다. 우리는 예언자들 누구도 차별하지 않으며 오직 알라에게만 복종하는 자들입니다.

아브라함, 이삭, 야곱, 모세 등은 모두 성경에 나오는 인물들이야. 이슬람에서는 이들을 무함마드와 마찬가지로 신의 예언자로 여겨. 무슬림은 이슬람이 무함마드 시대에 새롭게 생긴 종교가 아니라, 세상의 시작부터 존재해 온 종교라고 확신하고 있어.

무함마드 이전에는 아담, 노아, 아브라함, 모세, 예수 같은 예언자들을 통해 신의 뜻이 전해졌다고 보는 거지. 이슬람에서는 아담, 노아, 아브라함, 모세, 예수, 무함마드를 특히 중요하게 여겨.

아담은 인류 최초의 예언자, 아브라함은 유일신 사상의 중심 인물, 모세는 율법(십계명)을 받은 자, 무함마드는 마지막 예언자야. 그렇다면 예수는 어떤 역할을 했을까?

알라는 마리아의 아들 예수로 하여금 모세에게 내려진 계시와 그 이전에 내려진 계시를 확실하게 증명하게 하셨다. 또한 밝고 바른길로 인도하는 복음서를 그에게 내려 주셨다.

꾸란에서는 예수가 맡은 역할을 이렇게 설명해. 예수는 모세와 같은 예언자들에게 주어진 하나님의 말씀이 참된 것임을 보여 주고, 신이 그에게 맡긴 새로운 계시를 사람들에게 전하는 사명을 받았다고 해.

이슬람교는 유대교와 기독교의 경전인 구약 성경과 신약 성경도 원래는 신의 가르침이었다고 믿어. 하지만 시간이 지나면서 그 내용이 온전히 보존되지 않았다고 생각하지. 그래서 마지막 예언자인 무함마드를 통해 신의 계시가 완전히 전해졌다고 믿는 거야. 신의 말씀이 모두 전달되었기 때문에, 무함마드 이후에는 더 이상 예언자가 없다는 거지.

## 4. 이슬람교의 여섯 가지 믿음

이슬람교는 신과 신의 말씀인 꾸란, 그리고 그 말씀을 사람들에게 전한 예언자를 통해 만들어지고 자라난 종교야. 그래서 신과 꾸란, 예언자에 대한 믿음은 이슬람에서 아주 중요하지. 이렇게 중요한 믿음을 포함해서, 이슬람교에는 꼭 믿어야 할 여섯 가지 기본 믿음이 있어.

이슬람교의 가장 기본적인 믿음 여섯 가지에 대해서 살펴볼까.

### 신에 대한 믿음

이슬람교에서 가장 중요한 믿음은 신, 곧 알라에 대한 믿음이야.

무슬림은 신은 오직 한 분, 알라뿐이라고 믿지.

이슬람교에서는 알라를 이렇게 이야기해.

그분은 인간과 모든 것을 창조하신 분이다.
그분은 자식도 없고 부모도 없다. 스스로 존재하시는 분이다.
그분은 완전하시고 모든 것을 알고 계신다.
그 누구도 그분과 같을 수 없다.
그분은 우주의 모든 것을 다스리시는 분이다.
그분은 우리를 인도하고 지키시며, 은혜를 베풀어 주신다.

### 예언자들에 대한 믿음

두 번째는 신의 예언자들에 대한 믿음이야.

예언자들은 신의 말씀을 전해 준 사람들이야. 그래서 이슬람에서는 예언자들의 말을 곧 신의 말씀으로 여기고, 그들을 깊이 존경해.

"우리는 예수, 모세, 아브라함, 노아, 아담 등 모든 신의 예언자들을 믿는다."

예수가 기독교를 만든 사람이라고 해서 그를 부정하거나 싫어하지 않아. 이슬람에서는 예수를 신의 예언자 중 하나로 믿지 않으면 무슬림이 될 수 없어. 무슬림이 되려면, 신이 보낸 모든 예언자, 특히 꾸란에 언급된 주요 예언자들을 인정하고 믿어야 하기 때문이야.

이슬람교를 전한 무함마드도 신이 보낸 많은 예언자 중 한 사람이야.

다른 종교들을 보면 종교를 만든 사람을 신으로 믿는 경우가 많아. 기독교에서는 예수를 믿어. 불교에서는 싯다르타의 모습을 불상으로 만들어 모셔 놓고 기도를 드리지. 하지만 이슬람교는 무함마드에게 예배를 드리지 않아. 무함마드를 존경하지만 무함마드를 신처럼 여기지는 않지.

"무함마드는 한 명의 인간이다. 우리는 무함마드에게 예배를 드리지 않는다. 우리는 오직 신께만 예배를 드릴 뿐이다."

### 경전에 대한 믿음

세 번째는 신이 주신 책들에 대한 믿음이야.

"우리는 신이 주신 모든 책을 믿는다."

무슬림들은 신이 주신 책에 꾸란뿐만 아니라 유대교와 기독교의 경전도 포함된다고 말해. 구체적으로는 모세에게는 타우라(율법), 다윗에게는 자부르(시편), 예수에게는 인질(복음)이 계시되었다고 믿어.

하지만 이슬람에서는 구약 성경과 신약 성경의 내용 모두를 그대로 받아들이지는 않아. 전해져 오면서 신의 말씀이 빠지거나 더해지거나 변했을 수도 있다고 생각하기 때문이야.

그래서 신의 완전한 말씀은 꾸란을 통해 최종적으로 완성되고 변하지 않고 온전히 전해진다고 믿지.

### 천사에 대한 믿음

네 번째는 천사에 대한 믿음이야.

천사는 만화 영화에나 나오는 상상 속의 존재라고 생각할 수도 있지만 이슬람에서는 천사가 실제로 존재한다고 믿어. 물론 만화 속 천사처럼 생겼다고 보진 않아.

만화 영화나 동화책에 보면 천사는 날개 달린 사람의 모습을 하고 있어. 천사는 착한 일을 하지만 장난도 치고, 화를 내기도 하고, 욕심을 부리기도 하지. 하지만 그건 사람들이 상상해서 만든 모습일 뿐이야. 천사가 실제로 어떻게 생겼는지는 아무도 몰라.

이슬람교에서 천사는 빛으로 만들어진 순수한 영적 존재라, 눈에 보이는 구체적인 모습이 없고, 먹거나 자거나 하는 것도 필요 없어. 또 화를 내거나 욕심을 부리지 않아.

천사들은 신과 인간 사이를 연결하는 존재야. 신의 명령을 따르며 밤낮으로 신을 섬기고, 신의 뜻을 이루는 데 중요한 역할을 하지. 예를 들어, 신의 계시를 무함마드와 이전 예언자들에게 전해 준 가브리엘 천사, 사람의 영혼을 거두는 아즈라엘 천사, 그리고 사람이 살면서 한 행동을 기록하는 천사, 천국과 지옥을 지키는 천사 등 많은 천사가 있어.

기독교에서도 천사를 중요하게 여겼고, 성경에 여러 차례 등장해. 하지만 1600년대 이후 기독교에선 천사의 역할과 중요성 인식이 달라졌어.

### 심판에 대한 믿음

다섯 번째는 심판에 대한 믿음이야.

"우리는 죽은 후에 또 다른 삶이 있다고 믿는다. 모든 사람은 자신이 살아온 삶에 대해 심판을 받는다. 그 심판에 따라 천국에 갈 사람과 지옥에 갈 사람이 나누어진다."

이슬람교에서는 천국과 지옥이 실제로 존재한다고 믿어. 신을 믿지 않거나 악한 일을 한 사람은 지옥으로 가게 되고, 신을 믿고 착한 일을 한 사람은 천국에 들어간다고 믿지.

### 운명에 대한 믿음

여섯 번째는 신이 정한 운명에 대한 믿음이야.

무슬림은 사람을 포함한 우주의 모든 것은 신이 정한 운명대로 움직인다고 믿어. 하지만 이것은 인간이 아무런 노력도 하지 말고 운명에 따라 살아야 한다는 말은 아니야. 신은 우리 인간에게 스스로 판단하고 행동할 수 있는 능력을 주셨어. 그렇기 때문에 사람들은 옳고 그름을 판단하고 옳은 일을 해야 해. 자신의 판단과 행동에 책임을 져야 하는 것도 그 이유야.

이슬람교를 믿는 사람이라면 이 여섯 가지를 믿어.

# 제4장
## 이슬람 사람들은 어떻게 생활할까?

# 1. 무슬림이 지켜야 할 다섯 가지

**다섯 개의 기둥 위에 세워진 이슬람**

"이슬람은 다섯 개의 기둥 위에 세워진 건축물이다."

이렇게 이야기하는 사람들이 많아. 기둥은 건물이 무너지지 않도록 그 구조를 지탱하는 중요한 역할을 하지. 만약 기둥이 약하거나 있어야 할 기둥이 없다면, 그 건물은 결국 무너지고 말 거야.

이슬람을 하나의 건물로 비유한다면, 그 건물을 튼튼하게 지탱하는 다섯 개의 기둥이 바로 이슬람의 핵심이 되는 의무들이야.

그 다섯 개의 기둥은 바로 고백, 예배, 헌금, 단식, 성지 순례인데, 이들은 이슬람을 실천하는 무슬림들의 삶에서 가장 중요한 요소들로 자리 잡고 있어.

이 다섯 가지는 단순한 권고 사항이 아니라, 무슬림이라면 반드시 지켜야 할 필수적인 의무로 여겨지고 있어. 무슬림들은 이 다섯 가지 기둥을 통해 신과의 관계를 더욱 깊고 성실하게 이어 가야 한다고 믿어.

**첫 번째 기둥, 고백**

"알라 말고 다른 신이 없다는 것을 선언합니다. 무함마드는 알라의 사도임을 선언합니다."

무슬림이 되기 위해서는 이렇게 고백을 해야 해. 알라만이 유일한 신이라는 믿음과 무함마드는 그의 말을 전한 사도라는 믿음은 이슬람교 신앙의 가장 기본이라고 이야기했지? 이슬람교의 가장 기본적인 믿음을 자신의 의지에 따라서 진지하게 고백해야만 이슬람교 교인이 될 수 있어.

### 두 번째 기둥, 예배

무슬림들은 새벽, 낮, 오후, 저녁, 밤 이렇게 하루에 다섯 번 예배를 드려. 매일 다섯 번씩 예배를 드리다니? 너무 많아서 귀찮을 거 같다고? 그렇지 않아.

이슬람교에는 기독교의 목사처럼 신과 인간 사이를 중재하는 성직자가 없어. 무슬림들은 성직자 없이 모든 사람이 신과 직접 만날 수 있다고 믿지. 물론 예배를 이끄는 이맘 같은 종교 지도자는 있지만, 이들도 신과 인간을 이어 주는 존재는 아니야.

그래서 무슬림들은 특별히 예배당에 모이지 않고, 자신이 있는 곳에서 자유롭게 예배를 드려. 집이든, 길거리든, 직장이든, 장소는 중요하지 않아. 예배 시간도 길지 않아서 한 번 예배를 드리는 데 몇 분 정도면 충분해.

다만 금요일에는 합동 예배를 드리는 의무가 있어. 이때는 대부분 모스크에 모이지만, 때로는 공터나 사막에서도 함께 예배를 드리기도 해. 합동 예배 후에는 자발적으로 가난한 사람들을 돕는 일을 해.

무슬림들은 하루 다섯 번의 예배를 신과 직접 만나는 소중한 시간으로 여기기 때문에, 기쁘게 예배를 드리고 마음의 평화를 얻는다고 해.

 **이슬람교 예배 시간을 알려 주는 아잔**

이슬람 지역의 새벽 풍경은 다른 곳과 조금 달라.

깜깜한 밤이 지나고, 흰 실과 검은 실이 구분될 정도로 하늘이 밝아 오기 시작하면, 경건하면서도 평화로운 소리가 울려 퍼져. 마치 잔잔한 노래처럼 들리는 이 소리가 바로 아잔이야. 아잔은 원래 '알림'이나 '광고'를 뜻하는 말이야. 이슬람에서는 아잔을 통해 사람들에게 기도할 시간이 되었음을 알려 주지.

아잔은 일정한 리듬을 가지고 "알라후 아크바르, 알라후 아크바르(알라는 위대하다, 알라는 위대하다)……" 같은 구절을 부르는 방식이야.

원래 아잔은 무아딘이라고 부르는 사람이 직접 목소리로 불러(악기나 기계가 아니라 사람 목소리야).

예전에는 높은 탑이나 건물 위에 올라가서 직접 큰 목소리로 외쳤지만, 지금은 대부분 스피커를 이용해 아잔을 방송해. 그래서 멀리 있는 사람들도 기도 시간을 놓치지 않고 알 수 있게 된 거야.

아잔은 새벽에만 울리는 게 아니야. 하루 다섯 번 기도할 시간이 될 때마다, 이 평화로운 소리가 이슬람 지역 곳곳에 퍼져 나가.

우리나라 사람들에게는 조금 낯설 수도 있지만, 아잔은 무슬림들에게 신과 만나는 시간을 알리는 소중한 부름이야.

### 세 번째 기둥, 헌금

이슬람에는 자카트라는 헌금이 있어. 어느 정도 재산이 있는 무슬림들은 매년 자기 재산의 2.5%, 즉 40분의 1을 헌금으로 내야 해. 자카트는 세금인 동시에 어려운 사람을 위해 내는 자선금이야. 자카트라는 말의 본래 의미는 정화, 축복이야. 자카트를 함으로써 마음이 깨끗이 정화되고 축복을 받는다는 의미지.

자카트로 거두어진 돈은 아무렇게나 사용할 수 없어. 가난한 사람, 부모가 없는 고아와 같이 어려운 처지에 있는 사람, 노예, 돈을 빌리고 갚을 수 없는 사람 등에게만 사용하도록 정해져 있어.

자카트는 이슬람 사회의 경제가 유지되고 발전하는 데 큰 역할을 했어. 가난한 사람들도 최소한의 삶을 살 수 있도록 해 주는 복지 제도였고, 부자와 가난한 사람 사이의 부의 불평등을 줄여 사회 안정을 돕는 역할도 했지.

재산이 많으면 많을수록 더 많은 돈을 내야 했고, 가난한 사람들은 그만큼 도움을 받았기 때문이야.

### 네 번째 기둥, 금식

금식은 음식을 먹지 않는다는 뜻이야. 굶는 것이 가장 중요한 의무 중 하나라고 하니까 조금 이상하지? 그런데 꾸란에는 금식을 하라고 분명하게 말하고 있어. 그것도 하루나 이틀이 아니라 한 달 동안이나 금식을 하라고 말이야.

> 알라를 믿는 너희에게 금식은 의무이다……. 라마단 달에 꾸란이 계

시되었으니 그 달이 되면 너희 모두는 금식을 하라.

이슬람 달력에는 각 달마다 이름이 있는데, 라마단은 이슬람 달력으로 9번째 달이야. 라마단은 무함마드가 신의 계시를 받은 달이지. 그래서 무슬림은 라마단을 신성한 달로 여겨. 무슬림들은 라마단 한 달 동안 해가 떠 있는 낮 시간에는 아무것도 먹지 않고 물도 마시지 않아. 그리고 해가 진 다음에야 음식을 먹을 수 있어.

이슬람에서는 왜 금식을 의무로 정했을까?

금식은 종교적으로는 신앙 훈련 과정이야. 사람들은 배고픔과 목마름을 참으면서 절제와 인내를 배울 수 있어. 또한 인간이 얼마나 나약한 존재인지 깨닫게 되지.

사람들은 한 달 동안 금식하면서 가난하고 배고픈 사람들의 고통을 직접 느껴. 금식을 통해서 이기심과 욕심을 버리고 가난한 사람을 돕는 마음을 가지게 되는 거야. 실제로 라마단 단식이 끝나면, 많은 무슬림이 어려운 이들을 위해 돈을 기부하기도 해.

### 다섯 번째 기둥, 성지 순례

성지 순례란 이슬람교가 만들어진 도시인 메카를 방문하는 거야. 많은 무슬림은 성지 순례 하는 것을 일생의 목표로 삼기도 해.

성지 순례는 이슬람의 다른 네 가지 의무와는 조금 달라. 앞의 네 가지 의무는 누구나 지켜야 하지만 성지 순례는 경제적인 형편이 되고 건강한 사람만 해야 하는 의무야. 먼 나라에서 메카까지 가기 위해서는 많은 돈이 필요하고, 기간도 오래 걸리기 때문이지. 특히 교통수단이 발달하지 않았던 옛날에는 1년 이상을 꼬박 가야 메카에 도착하는 경우도 있었어. 돈이 없거나 건강하지 않은 사람은 성지 순례를 가는 대신 다른 착한 일을 하면 돼.

이슬람 달력으로 마지막 달에 이루어지는 대순례 때는 전 세계에서 200만 명 이상의 사람들이 메카를 찾아와. 순례를 위해 메카에 도착하면 사람들은 입고 있던 옷을 벗고, 모두 같은 흰색 순례복으로 갈아입어. 그 이유는 최대한 겸손한 모습으로 신 앞에 서기 위해서지. 또 신분이나 재산, 인종과 국적에 상관없이 모든 무슬림은 평등하다는 뜻도 담겨 있어.

성지 순례 기간에는 여러 나라에서 여러 민족이 메카로 모여들어. 같은 옷을 입고 같은 자리에 모여든 사람은 나라와 민족을 떠나서 모든 무슬림은 형제이며 하나의 공동체라는 것을 확인하지.

고백, 예배, 헌금, 금식, 성지 순례 이 다섯 가지는 말 그대로 이슬람 사회를 받치고 있는 기둥이야. 이 다섯 개의 기둥이 있었기 때문에 이슬람 사회는 유지되고 발전해 왔어.

 **이슬람의 성지, 카바 신전**

이슬람의 성지 메카에는 카바 신전이 있어. 카바 신전은 무슬림들에게 가장 신성한 곳이야. 성지 순례를 할 때 가장 중요하게 가야 하는 곳이 카바 신전이지. 또한 예배를 드릴 때 모든 무슬림은 한쪽 방향을 향해서 절을 하는데, 그 방향은 카바 신전이 있는 곳이야.

카바 신전은 원래 최초의 인간이자 예언자인 아담이 만든 제단이었다고 해. 그 후 아브라함과 아들 이스마엘이 만든 신전이라고 무슬림들은 믿고 있어. 꾸란에는 카바 신전을 "이것은 알라를 숭배하기 위해 인간이 만든 최초의 집이다."라고 말하고 있어.

## 2. 무슬림은 먹는 음식도 특별해

### 무슬림들이 먹지 않는 음식

무슬림들은 아무 음식이나 먹지 않아. 이슬람교에서는 먹을 수 있는 음식과 먹어서는 안 되는 음식을 분명히 정해 놓았기 때문이야.

그렇다면 다음 중 무슬림들이 먹을 수 없는 음식은 무엇일까?

① 돼지고기 바비큐   ② 맥주   ③ 선짓국   ④ 병으로 죽은 동물의 고기

정답은 ①, ②, ③, ④ 모두야.

무슬림들은 돼지고기, 술, 동물의 피, 병들어 죽었거나 자연사한 동물의 고기를 먹지 않아. 이것들은 꾸란에서 명확히 금지한 음식들이야.

무슬림들이 먹지 않는 대표적인 음식은 돼지고기와 술이야.

술을 금지하는 것은 쉽게 이해할 수 있어. 이슬람교뿐 아니라 술을 피하라고 가르치는 종교는 여럿 있거든.

힌두교에서는 원칙적으로 술을 금지하고, 불교에서도 승려들이 지켜야 할 계율 중 하나가 술을 마시지 않는 거야.

기독교의 경우, 성경에 술을 금지하라는 구절은 없어. 예수님도 사람들과 만나 포도주를 나누며 이야기를 하셨지. 그래서 천주교에서는 술을 금지하지 않아. 다만 개신교에서는 술이 사람의 정신을 흐리게 하고 죄를 짓게 만든다고 생각해서, 술을 사실상 금지하는 분위기야.

그렇다면 돼지고기는 왜 금지일까?

돼지고기는 닭고기와 함께 사람들이 흔히 먹는 음식이야. 돼지고기는 세계 여러 나라에서 가장 흔하게 먹는 고기지만 이슬람교에서는 돼지고기를 먹지 않아. 꾸란에는 돼지고기를 먹지 말라는 구절이 여러 번 나와.

> 죽은 고기와 피와 돼지고기를 먹지 말라. 또한 신의 이름으로 잡지 않은 고기도 먹지 말라. 그러나 고의가 아니고 어쩔 수 없이 먹은 경우는 죄가 아니다.

### 돼지고기를 먹지 않는 종교들

돼지고기를 먹지 않는 종교는 이슬람교뿐일까? 그렇지 않아.

여러 종교에서 돼지고기를 먹지 말라고 이야기해.

불교는 돼지고기를 금지하지는 않지만 살아 있는 생명을 함부로 죽이지 말라고 가르쳐. 그래서 많은 승려가 고기를 먹지 않아.

흔히 힌두교는 소를 신성하게 여겨서 소고기만 안 먹는다고 생각하지? 하지만 힌두교를 믿는 인도에서는 오히려 돼지고기를 구하기가 소고기보다 더 어려워. 그 이유는 힌두교에서 돼지고기를 금지하지는 않지만, 많은 사람이 돼지고기를 불결한 음식이라고 여기고 먹지 않기 때문이야.

유대교에서도 돼지고기 먹는 것을 금지하고 있어. 구약 성경 레위기에는 먹을 수 있는 것과 먹어서는 안 되는 것을 신이 아주 구체적으로 정해 주는 부분이 있어.

신이 모세와 아론에게 말했다.

"이스라엘 자손에게 말하라.

땅에 서는 짐승 가운데서 너희가 먹을 수 있는 동물은 다음과 같다.

짐승 가운데 발굽이 갈라졌으면서 새김질을 하는 짐승은 너희가 먹을 수 있다. …… 하지만 낙타는 새김질은 하지만 굽이 갈라지지 않았으므로 너희에게 부정한 것이다. 토끼는 새김질은 하지만 발굽이 갈라지지 않았으므로 너희에게 부정하다. 돼지는 발굽이 갈라졌지만 새김질을 하지 않으므로 너희에게 부정하다. ……

네 발로 걷는 짐승 가운데서 발바닥으로 다니는 것은 모두 너희에게 부정한 것이다. ……

물에서 사는 것 가운데서 지느러미가 없고 비늘이 없는 것은, 모두 너희가 피해야 한다. ……

너희는 부정한 것으로 자신을 더럽혀서는 안 된다. 나는 너희의 하나님이다. 내가 거룩하니 너희도 거룩해야 한다."

유대교를 믿는 사람들은 신의 명령을 지켜야 하기 때문에 돼지고기를 먹지 않아. 그런데 여기서 이상한 점이 있지? 구약 성경은 유대교의 경전이면서 기독교의 경전이기도 해. 그런데 기독교를 믿는 사람들은 아무 거리낌 없이 돼지고기를 먹잖아. 기독교인들은 왜 신이 명령한 율법을 따르지 않는 걸까?

기독교에서는 돼지고기를 먹어도 되는 이유를 여러 가지로 설명해. 가장 많이 이야기하는 것 중 하나가 신약 성경에 나오는 베드로가 본 환상이야.

> 배가 고픈 베드로는 환상에 빠져들었다.
> 하늘이 열리고, 큰 보자기 같은 그릇이 끈에 매달려서 땅으로 내려왔다. 그 안에는 온갖 네발짐승들과 땅에 기어다니는 것들과 공중의 새들이 골고루 들어 있었다.
> 그때에 "베드로야, 일어나서 잡아먹어라." 하는 음성이 들렸다.
> 베드로가 대답하였다. "절대로 그럴 수 없습니다. 나는 부정한 것은 한 번도 먹은 일이 없습니다."
> 그랬더니 음성이 다시 들려왔다. "신께서 깨끗하게 하신 것을 부정하다고 하지 말라."
> 베드로는 자기가 본 환상이 대체 무슨 뜻일까 하면서 어리둥절했다.

이 환상은 율법의 의무에서 벗어나 모든 음식을 자유롭게 먹을 수 있다는 뜻으로 해석돼. 그래서 대부분의 기독교인들은 돼지고기를 포함한 다양한 음식을 먹게 된 거야.

### 돼지고기를 먹지 않는 이유는?

구약 성경과 꾸란은 왜 돼지고기를 먹지 말라고 했을까? 유대교나 이슬람교가 만들어졌던 당시 시대 상황을 살펴보면 그 이유를 짐작할 수 있어.

먼저 지리적 이유를 들 수 있어. 유대교나 이슬람교가 만들어진 중동은 더운 지역이야. 돼지고기는 다른 고기에 비해서 쉽게 상해. 냉장고가 없는 옛날에는 돼지고기를 오래 보관할 수 없었어. 상한 돼지고기를 먹고 탈이 나는 경우가 많았기 때문에 중동 지역에서는 돼지고기를 먹지 말아야 할 고기로 생각했을 거야.

경제적인 이유도 있어. 중동 지역은 사막이 많아서 농사를 짓기 어려운 곳이야. 그러다 보니 사람들이 먹을 곡식도 부족하지. 소, 양, 낙타 등은 풀을 먹고 살지만 돼지는 사람이 먹는 것과 똑같은 음식을 먹어. 돼지를 키워서 잡아먹으려면 사람들이 먹을 음식을 줘야 하지. 사람들이 먹을 음식도 부족한데 돼지를 키우게 되면 어떻게 되겠어? 돼지를 키우는 만큼 굶주리는 사람들이 많아질 수밖에 없어. 사람이 먹을 음식을 돼지에게 줘야 하니까. 돼지를 키워서 돼지고기를 먹으면 되지 않냐고? 돼지고기 1킬로그램을 얻기 위해서는 몇 배나 많은 곡식을 돼지에게 먹여야만 해. 돼지를 키워 고기를 먹는 건 아주 비효율적인 일이지.

또한 돼지는 다른 가축에 비해서 쓸모가 별로 없어. 소나 말, 낙타는 사람이 타고 다니고, 짐을 나르고, 농사일에도 사용할 수 있어. 그리고 우유까지 얻을 수 있지. 닭은 달걀을 낳고, 개는 집을 지키거나 양 떼를 모는 데 도움을 줘. 하지만 돼지는 오로지 고기만 얻을 수 있을 뿐, 다른 어떤 용도로도 쓰기 어려워. 중동 지역에서는 돼지를 키워서 먹는 것보다 돼지고기를 먹지 않는 것이 경제적으로 이득이야.

게다가 중동의 자연환경은 돼지를 기르기에 적합하지 않았어. 돼지는 습하고 시원한 것을 좋아하지만 중동은 덥고 건조한 지역이지. 돼지를 키우기 위해서는 돼지가 열을 식힐 수 있도록 그늘을 만들어 주고, 물웅덩이를 만들어 줘야 해. 그런데 물도 부족하고 이곳저곳을 떠돌면서 살았던 당시 중동 사람들은 돼지를 더위로부터 보호하기도 어려웠지.

　이런 여러 이유로, 중동 지역에서는 '돼지고기를 먹지 말아야 한다'는 문화와 종교 율법이 생겨났을 걸로 추측하고 있어.

　무슬림들은 술과 돼지고기 말고도 죽은 동물의 고기, 너무 어린 동물, 동물의 피도 먹지 않아. 이유는 돼지고기를 피하는 것과 비슷해. 예를 들어, 죽은 동물은 왜 죽었는지 알 수 없고, 혹시 병에 걸려서 죽었을 수도 있어서 위험해.

　너무 어린 동물은 아직 자라지 않았기 때문에 그걸 잡아먹으면 경제적으로도 손해야. 크게 키워서 고기를 더 많이 얻는 게 이득이니까.

　동물의 피는 쉽게 상하고, 예전에는 병을 옮길 수도 있어서 먹지 않는 것이 더 안전했어.


### 이슬람의 하람과 할랄

　먹을 수 있는 고기들도 그냥 막 먹는 것은 아니야. 신의 이름으로 잡은 고기들만 먹을 수 있지. 무슬림들은 모든 동물은 알라가 만들었고 영혼을 가지고 있다고 생각해. 그렇기 때문에 동물을 죽이는 것은 알라의 이름으로 이루어져야 해. 이슬람에서는 동물을 잡을 때 동물의 머리를 메카 쪽으로 향하게 하고

'위대하신 알라의 이름으로'라고 외쳐. 그 후에 칼로 동물을 죽이고 피를 빼지. 동물의 피도 무슬림들이 먹을 수 없기 때문이야.

무슬림들이 먹을 수 있는 음식을 할랄 음식이라고 하고, 먹을 수 없는 음식을 하람 음식이라고 해. 할랄은 신이 인간에게 해도 된다고 허락한 것들이고, 하람은 하지 말라고 금지한 것들이야. 이슬람교에서는 알라가 사람에게 해로운 것들을 하람으로 정했다고 생각해. 그렇기 때문에 왜 이것을 금지시켰는지 따지는 것은 의미가 없어. 할랄과 하람은 음식뿐만 아니라 정치, 경제, 사회, 문화 등 무슬림의 생활 곳곳에 적용이 돼. 도둑질, 거짓말, 도박, 돈을 빌려주고 이자를 받는 것 등은 이슬람에서 금지하는 하람이야.

할랄 음식은 이슬람 율법에 따라서 생산되고 만들어진 음식을 말해. 할랄 음식이 되기 위해서는 독이 없어야 하고, 정신을 흐리게 해서는 안 되고, 안전해야 해. 이를 위해 곡식, 과일, 채소 등도 화학 비료를 쓰지 않는 까다로운 조건에서 재배를 해야 할랄 음식이 될 수 있어. 고기도 쾌적한 환경에서 길러진 건강한 가축의 고기여야만 해. 작은 우리에 많은 가축을 가두어 움직일 수도 없게 학대하며 기른 건강하지 않은 가축은 음식 재료로 쓸 수 없지. 음식을 만드는 과정도 안전하고 위생적이어야 해.

이슬람교를 믿지 않는 사람들에게도 할랄 음식은 안전하고 깨끗한 음식이라는 생각이 널리 퍼지고 있어. 전 세계적으로 할랄 음식을 찾는 사람들이 점점 늘어나고 있지.

 **이슬람교보다 까다로운 유대교의 음식**

이슬람교가 먹을 수 있는 음식에 대한 규정이 까다로운 것 같지? 그런데 이슬람교보다 더 음식 계율에 까다로운 종교도 있어.

바로 유대교지. 이슬람교에 할랄이 있다면 유대교에는 코셔가 있어. 코셔는 유대교인이 먹을 수 있는 음식을 말해.

이슬람교가 유대교에 뿌리를 두고 있기 때문에 음식에 대한 계율은 비슷한 점이 많아. 돼지고기는 먹을 수 없고, 짐승을 죽일 때 단칼에 고통 없이 죽여야 하고, 피를 모두 빼야 하는 등 공통점이 많지. 하지만 유대교는 이슬람교보다 먹을 수 없는 것이 더 많아.

유대교인은 땅에 사는 동물들 중 소, 양, 염소, 닭, 오리 등 일부만 먹을 수 있어. 이슬람교(주로 순니파)에서는 바다에서 나는 대부분의 생선과 해산물을 먹지만 유대교는 게, 새우, 가재, 조개와 같은 갑각류나 조개류를 금지하고 있지. 오징어, 문어, 장어, 상어같이 비늘이 없거나 지느러미가 없는 것도 먹을 수 없어.

그리고 유대교인들은 우유, 치즈, 아이스크림 등의 유제품을 고기와 함께 먹지 못해. 요리를 하는 도구나 그릇도 고기용과 유제품용을 따로 구분해서 철저하게 고기와 유제품이 섞이지 않도록 하지. 그 이유는 "어린 염소를 그 어미의 젖에 삶지 말라."라는 성경 구절 때문이야.

그리고 모세가 유대인들을 이집트에서 탈출시킨 사건을 기념하는 유월절에는, 일주일 동안 발효되어 부드럽게 부풀어 오른 빵을 먹을 수 없어. 발효되지 않은 딱딱한 빵을 먹으면서 조상들의 고통을 기억하라는 거야.

유대교의 이런 음식 계율은 유대인들이 수천 년 동안 다른 민족들과 섞여 살면서도 자신들만의 정체성을 지키는 데 큰 역할을 했어.

## 3. 이슬람교는 여성을 차별하는 종교일까?

### 천 조각 하나 때문에 일어난 일들

2018년 1월, 이란의 수도 테헤란에서 특별한 소동이 일어났어. 테헤란에서도 사람들이 많이 모이는 광장 근처에 한 여자가 나타났어. 그 여자는 높은 곳에 올라가 머리에 쓰고 있던 천을 벗어서 나뭇가지에 매달았어. 그러고는 천이 걸린 나뭇가지를 들고 가만히 서 있었지. 그런데 얼마 지나지 않아 갑자기 경찰들이 몰려왔어. 경찰들은 다짜고짜 그 여자를 잡아갔어.

그냥 가만히 서 있던 이 여자는 왜 경찰에 잡혀갔을까?

이런 일도 있었어. 이란의 한 여자 축구 선수는 스위스에서 휴가를 즐기던 중 친구들과 축구 경기를 했어. 다른 친구들처럼 반바지를 입고 머리에 천을 쓰지 않고 운동장을 뛰었지. 축구 선수는 이 모습을 찍은 사진을 인터넷에 올렸고, 이란에서는 그녀를 처벌하기 위해서 체포하려고 했어. 이란으로 돌아가면 감옥에 갇힐 것이 뻔했기 때문에 그녀는 이란으로 돌아갈 수 없었어.

축구 선수가 축구를 했을 뿐인데 그녀에게는 왜 이런 위험이 닥쳤을까?

두 사건 모두 히잡 때문에 생긴 일이야. 히잡이란 무슬림 여자들이 머리카락이나 목 등을 가리기 위해서 머리에 쓰는 천이야. 두 여자들이 히잡을 벗었다고 경찰에 체포되고 감옥에 간다는 것이 이해가 안 되지?

1979년에 이란에서는 이란 혁명이 일어나 팔라비 왕조가 무너지고 이슬람 근본주의자인 호메이니가 이끄는 이슬람 공화국이 세워졌어. 팔라비 왕조 시절에는 여성들이 투표를 할 수 있었고, 히잡을 쓰지 않고 지낼 수 있었어. 1936년에는 히잡 착용이 법으로 금지되기도 했지만, 이 조치에 모두가 찬성했던 것은 아니라서, 나중에는 히잡 착용을 개인의 자유에 맡기게 되었지.

테헤란 같은 도시에서는 여성들이 대학에 다니고, 직장 생활을 하며, 화장도 자유롭게 할 수 있었어. 하지만 호메이니가 집권한 뒤, 여성의 자유는 크게 제한되었고, 그 대표적인 변화가 바로 히잡 착용의 의무화였어.

이란에서는 여자가 집 밖으로 나왔을 때는 반드시 머리에 히잡을 써야 해. 이 법을 어길 때는 감옥에 가거나 벌금을 내야 해.

이란처럼 법으로 정해져 있지 않더라도 이슬람 국가에서는 여자들이 히잡을 쓰는 것을 당연한 일로 여겨 왔어.

올림픽과 같은 국제적인 운동 경기에서도 머리에 히잡을 쓰고 경기를 하는 여자 선수들이 있어. 바로 이슬람 국가의 선수들이지. 히잡을 쓰고 달리기, 농구, 축구 같은 운동 경기를 하면 불편할 수도 있고, 땀도 많이 나서 힘들어. 올림픽처럼 중요한 경기에서 히잡을 쓴다는 건 다른 선수들보다 불리한 조건에서 경기를 한다는 뜻이야. 그런데도 이슬람 여자 선수들은 끝까지 히잡을 벗지 않아. 국가대표 선수가 올림픽 경기에서도 히잡을 벗지 않는 걸 보면, 히잡이 이슬람 여자들에게 얼마나 큰 의미인지 알 수 있어.

히잡을 쓴 여자들의 모습은 이제 이슬람 여성들을 상징하는 모습이 되었어. 또 어떤 사람들은 히잡을 이슬람이 여성을 차별하는 상징으로 보기도 해.

## 비슷하지만 다른 무슬림 여성들의 옷

무슬림 여성들은 모두 비슷한 히잡을 쓰고 있는 것 같지만 자세히 보면 달라. 어떤 사람들은 스카프를 머리에 두르듯이 머리만 가리기도 하고, 어떤 사람들은 복면을 쓴 것처럼 눈만 내 놓고 얼굴을 가리기도 해.

히잡과 비슷한 의상으로는 니캅, 차도르, 부르카가 있어.

히잡은 머리카락과 목 등을 가리지만 얼굴은 드러내.

차드르는 얼굴을 빼고 온 몸을 가리는 천이야.

니캅은 얼굴까지 가리는 가리개야. 니캅을 쓰면 눈만 보이지.

부르카는 니캅보다 더 심해서 눈 부분까지 망사로 가려. 그래서 부르카를 쓰면 눈마저도 잘 보이지 않지.

**히잡**

**차도르**

**니캅**

**부르카**

### 이슬람의 여성 차별

이슬람교가 자주 비판을 받는 부분 중 하나는 여성을 차별한다는 점이야. 실제로 일부 이슬람 국가에서는 여성의 정치적, 사회적 권리가 크게 제한되어 있는 경우가 있어. 여성의 교육과 사회 활동도 심각하게 제한돼. 여성들은 중등 교육 이상을 받지 못하게 되거나, 직장을 가질 수 없고, 혼자 외출하는 것도 허용되지 않아. 심지어 여자들이 책을 만지거나 꾸란을 읽는 것조차 금지하기도 했어.

이슬람 국가들 중 말레이시아, 인도네시아, 튀니지, 모로코 등에서는 여성 교육 수준이 높고, 여성 정치인도 활동하고 있어, 나라별로 여성의 지위에 큰 차이가 있어.

일부다처제도 자주 거론되는 이슬람 내 여성 차별 사례 중 하나야. 이슬람 율법에 따라 한 명의 남자가 최대 4명의 아내를 둘 수 있도록 허용돼 있어. 실제로 법적으로 일부다처제가 허용된 국가는 사우디아라비아, 이란, 파키스탄, 아프가니스탄, 말레이시아, 수단, 예멘 등이고, 인도의 무슬림들도 일부다처제가 가능해.

하지만 현실에서는 일부다처 가정이 흔하진 않아. 경제적 부담, 아내들 간 갈등, 사회적 인식 변화 등으로 인해 대부분의 남성은 아내 한 명만 두는 일부일처 가정을 꾸리는 경우가 많아. 또, 말레이시아나 파키스탄처럼 첫째 아내의 동의나 법원 허가 같은 조건을 붙여 일부다처제를 제한하는 나라들도 있어.

일부다처제는 현대의 다수 문화권에서 성평등에 반하는 제도로 여겨지며 비판을 받지만, 이슬람권에서는 역사적·종교적 맥락과 결합되어 여전히 일부 국가에서 유지되고 있는 제도야.

### 여성의 지위를 획기적으로 높여 준 이슬람교

이슬람교는 여성을 차별하는 종교일까? 이슬람 사회에서 여자가 차별받는 것이 모두 이슬람교라는 종교 때문일까?

결론을 이야기하면 이슬람교는 여성을 차별하는 종교가 아니야. 이슬람교가 처음 시작되었을 때를 살펴보면 이것을 분명히 알 수 있어.

무함마드가 이슬람 공동체를 만들었던 600년대 당시는 아랍뿐만 아니라 세계 거의 모든 곳에서 여성의 지위가 낮았어. 유럽에서는 '여자도 영혼이 있는가?' 하는 문제로 논쟁이 벌어지기도 했어. 남자는 당연히 영혼이 있다고 생각하면서 여자는 영혼이 있는지 없는지 따졌던 거야. 이것은 '여자를 남자와 똑같은 사람으로 볼 수 있는가?'라는 물음과 같아. 여자를 사람이 아니라 남자와 동물 중간에 있는 존재로 생각했던 거지. 동양도 마찬가지였어. 여자는 남자들의 소유물 정도로 여겨졌어.

유대교, 기독교, 불교, 힌두교 등 여러 종교도 여성의 지위를 높여 주지는 못했어. 이렇게 여성의 지위가 낮았을 때 여성의 권리를 높였던 종교가 이슬람교였어. 이슬람교가 여성의 지위를 높였다는 말이 이상하게 들릴 수 있지만 사실이야.

이슬람교가 만들어지기 전 아라비아 지역에서는 여자아이가 태어나는 것을 반기지 않았어. 아라비아 지역은 사막이 많은 곳이라 먹을 것이 부족했고, 부족 간의 전쟁도 끊이지 않았어. 그래서 전쟁에 나가 싸울 남자가 중요했어. 여자아이는 전쟁에 도움도 안 되면서 부족한 식량만 축내는 존재로 여겼어. 그래서 여자아이가 태어나면 모래에 파묻어 죽여 버리기도 했지. 여자는 태어나자마자 죽여도 될 만큼 하찮은 존재였던 거야.

무함마드는 이런 잘못된 관습을 비판하면서 "여자아이를 함부로 죽이지 말라."라고 외쳤어. 그뿐 아니라 여성과 남성은 평등하다고 가르쳤어. 여자들의 권리를 보장해 주기 위한 제도적인 장치들을 만들었지. 특히 경제적인 부분에서 여성의 위치를 대단히 높였어.

부모나 가까운 친척이 남긴 재산은 남자들뿐만 아니라 여자들에게도 나눠 줘야 한다.
부부가 모은 재산은 남자뿐만 아니라 여자에게도 권리가 있다.

꾸란에서는 여성이 유산을 물려받고, 재산을 소유할 권리가 있다고 명시하고 있어. 물론 상속 몫은 남성의 절반으로 제한된다는 한계가 있지만, 당시 기준으로는 매우 진보적인 제도였지.

동양은 물론 서양에서도 여성, 특히 딸이 부모의 재산을 상속받는 일은 흔하지 않았어. 부모의 재산은 대부분 아들들이 차지했고, 결혼한 부부가 함께 모은 재산조차도 법적으로는 남편의 재산이었어. 아내는 거의 재산권이 없었지.

반면 이슬람은 출발부터 여성에게 일정한 상속권과 재산권을 인정했어. 유럽 여성들은 1800년대 후반부터 결혼한 여성의 재산권을 조금씩 인정받기 시작했고, 한국을 포함한 동아시아에서는 그보다 훨씬 나중까지 여성은 부모의 재산을 물려받지 못했어. 우리나라에서는 여성이 부모 재산을 물려받을 권리는 1960년대부터 인정되었으나, 남녀가 균등하게 상속받는 법은 1991년부터 시행되었어.

이슬람에서는 결혼할 때 남편이 아내에게 '마흐르(지참금)'라는 돈을 줘야 해. 이 돈은 남편이나 아내 가족 누구도 함부로 건드릴 수 없는, 온전히 아내의 소유야. 여성이 자신의 이름으로 재산을 가진다는 건 단순한 금전적 의미를 넘어, 경제적 권리와 독립성을 인정받는다는 뜻이기도 해.

지참금 제도는 당시 아랍 지역 사회에서 여성의 권리를 인정한 매우 진보적인 변화였어. 이슬람교는 서양 사회를 비롯한 다른 많은 사회보다 훨씬 이른 시기부터 여성의 경제적 권리를 법적으로 보장했지. 일부 역사학자들은 이를 수 세기 앞선 제도라고 평가하기도 해.

 **성경과 꾸란에 나타난 남자와 여자**

　유대교, 기독교의 경전인 성경에서 남자와 여자는 탄생부터 달라. 신이 먼저 남자인 아담을 만들고, 아담의 갈비뼈 하나를 가져다 여자인 하와를 만들어. 여자는 남자에서 나온 존재인 셈이야. 하지만 꾸란에는 그런 내용이 없어. 남자와 여자 모두 같은 영혼에서 만들어졌다고 나와 있거든.

　인간이 가장 처음 죄를 짓게 된 내용도 성경과 꾸란은 조금 달라. 성경에서는 신이 아담과 하와에게 모든 열매를 먹어도 되지만 선악과는 절대로 먹지 말라고 명령해. 그런데 뱀이 하와에게 와서 선악과를 먹으면 너도 신처럼 될 수 있다고 유혹하지. 하와는 뱀의 말을 듣고 선악과를 따 먹어. 그리고 선악과를 가져가 아담에게도 먹게 해. 아담이 죄를 짓게 된 책임이 하와에게 있는 것처럼 보일 수 있어.

　하지만 꾸란에서는 남자와 여자가 함께 죄를 지었다고 묘사돼. 악마가 그들을 속였고, 남자와 여자 둘 다 그 유혹에 넘어가 나무 열매를 먹었어. 이처럼 꾸란은 인간이 창조될 때부터 남자와 여자는 동등하고, 함께 책임지는 존재라고 가르쳐.

### 네 명의 아내를 둘 수 있는 이슬람

이슬람은 한 명의 남자가 부인을 네 명까지 둘 수 있어. 이렇게 이슬람의 일부다처제가 생겨난 역사적인 이유가 있어.

사실 무함마드가 이슬람교를 가르치기 전에 중동 지역에서는 일부다처제가 아주 흔했어. 성경에 나오는 아브라함이나 다윗 등과 같은 인물들도 여러 명의 부인이 있었어. 많게는 수백 명의 부인을 두는 경우도 있었지. 동양에서도 마찬가지였어. 우리나라에서도 1900년대 초반까지 부인을 여럿 두는 경우가 있었어.

이러한 상황에서 꾸란은 까다로운 조건을 내걸고 아내를 네 명까지만 허락한 거야. 그리고 일부다처제는 여자를 보호하기 위한 목적도 있었어.

일부다처제의 역사적 배경은 무함마드가 살아 있을 당시 메디나에 있는 우흐드산 전투였어. 이 전투에서 많은 남자가 죽었고, 남편을 잃은 과부나 고아들이 늘어나게 되었지. 우흐드산 전투뿐만 아니라 이슬람 초기에는 계속되는 전투로 많은 남자가 목숨을 잃었어. 전쟁에서 남편이나 아버지를 잃은 가족들을 살길이 막막했어. 특히 먹을 것이 부족한 척박한 사막 지역에서 여자 혼자 아이들을 키운다는 것은 정말 어려운 일이었어.

이슬람 공동체에서는 과부나 아이들을 돌볼 수 있는 방법을 찾아야 했어. 그 방법 중 하나가 바로 일부다처제야. 결혼을 통해서 남편이나 아버지를 잃은 사람들을 보살피도록 했던 거야.

만약 너희가 고아들을 공평하게 대해 줄 수 있다면 좋은 여자와 결혼을 하라. 두 명, 세 명, 혹은 네 명도 좋다. 그러나 아내들에게 공평하게 대해 줄 수 없을 것 같은 두려움이 든다면 오직 한 명의 여인과 결혼하라. 그것이 너희가 죄를 짓지 않는 최선의 길이다.

꾸란에서는 남자가 아내를 네 명까지 둘 수 있게 했어. 모든 아내를 똑같이 사랑하고, 똑같이 잘 돌봐야 해. 용돈을 줄 때도 똑같이 줘야 하고, 선물이나 생활비도 공평하게 나눠야 해. 자식들에게도 차별 없이 똑같이 대해 줘야 해. 이렇게 모든 아내에게 공평하게 대하는 건 정말 어려운 일이야. 그래서 실제로는 아내가 한 명뿐인 집이 훨씬 많아.

이슬람에서 일부다처제가 허용된 이유 중 하나는 남편이 없는 여성과 아이들을 보호하려는 목적이었어. 하지만 시간이 지나면서 이러한 의도는 점차 희미해졌고, 오늘날 일부다처제는 오히려 이슬람 사회에서 여성의 차별을 보여 주는 사례가 되었어.

### 이슬람 여성들은 히잡을 왜 쓸까?

처음에 이야기한 히잡에 대해서 한번 살펴볼까?

유럽이나 미국 등 서양에서는 히잡을 여성의 자유를 억압하고, 차별하는 상징이라고 비판하고 있어. 그러나 이슬람에서는 이런 비판을 종교적인 가치관이나 문화적인 차이를 이해하지 못한 편견과 오해라며 받아들이지 않고 있어. 더 나아가 무슬림들은 히잡이 여성을 억압하기보다는 보호하기 위한 방법이라고 주장해.

히잡이 여성을 보호한다는 말이 이상하게 들릴 수도 있어. 하지만 무함마드가 살던 당시 상황을 이해하면 그 이유를 알 수 있지.

당시 아라비아 지역에서는 부족 간 전쟁이 끊임없이 이어졌어. 그 전쟁에서 가장 큰 피해를 입은 이들이 바로 여성들이었지. 다른 부족이 침입해 와서 여성들을 납치하는 일이 자주 일어났어. 특히 예쁘고 젊은 여성들이 더 위험했지.

여성들을 보호하기 위한 최소한의 방법이 옷으로 몸과 얼굴을 가리는 것이었어. 여성의 나이나 외모를 알아보기 어렵게 만들어서 남성들이 함부로 다가

가지 못하도록 한 거야.

　얼굴이나 몸을 가리는 베일, 히잡과 같은 복장은 이슬람에만 있는 독특한 문화가 아니야. 중동 지역에서 오랫동안 이어져 온 전통적인 풍습이라 할 수 있어.

　꾸란에서는 여성의 옷차림에 대해 언급한 구절이 있어.

　　밖으로 드러나는 것 외에는 유혹하는 어떤 것도 보여서는 안 되며,
　가슴을 가리는 수건을 써야 한다.

　이 구절만 보면 어디까지 가려야 하는지는 정확하지 않아. 이 해석은 시대와 지역에 따라 달라졌어. 손과 얼굴은 밖으로 드러나는 부분이라 가리지 않아도 된다고 해석하기도 하고, 얼굴과 몸 전체를 가려야 한다고 주장하기도 했어. 어떤 지역에서는 히잡을 스카프처럼 써 얼굴을 드러내기도 하고, 다른 지역에서는 눈만 빼고 모두 가리기도 해.

　57개국으로 구성된 OIC(이슬람 협력 기구)를 살펴보면 여성들에게 히잡을 강제로 쓰게 하는 나라는 많지 않아. 이란과 사우디아라비아 정도가 대표적이지. 다른 나라에서는 히잡을 쓰지 않는다고 처벌받는 경우는 드물어.

　또한 히잡의 모양과 색깔도 다양해. 사우디아라비아 등에서는 검은색 히잡으로 온몸을 가리지만, 북아프리카 지역에서는 흰색이나 다양한 색깔의 히잡을 착용해. 젊은 여성들은 꽃무늬나 구슬 장식 등으로 화려하게 치장한 히잡을 패션의 일부로 여기기도 해. 대부분 여성들이 히잡을 쓰지 않는 나라들도 있어.

 히잡 벗는 것을 거부한다!

이란에서는 모든 여자가 히잡을 쓰도록 했어. 그러자 많은 여자들이 항의 시위를 벌였어. 시위 참가자 중에는 늘 히잡을 써 왔던 여자도 많았어.

튀르키예는 대학교 안에서는 히잡을 쓰지 못하도록 했어. 그런데 많은 여학생이 학교 안에서 히잡을 벗는 것을 거부했어. 학교에서 쫓겨날 수도 있다는 것을 알면서도 계속 히잡을 쓰고 학교에 왔지.

이 두 가지 사건은 전혀 반대의 상황 같지만 사실 똑같은 저항이야. 히잡을 억지로 쓰게 하는 것, 히잡을 억지로 벗게 하는 것 모두 강요야. 항상 히잡을 써 왔던 여자들도 국가에서 히잡을 쓰도록 강제로 시키는 것에 반대한 거야. 히잡을 쓰고 학교에 온 여학생도 똑같아. 히잡을 쓰고 벗는 것도 개인의 선택일 뿐, 국가가 강제로 하라 마라 할 문제가 아니라는 거지.

**이슬람의 여성 보호와 차별**

예전에는 사우디아라비아에서 여성이 혼자 외출하거나 여행하는 것이 금지되었지만, 지금은 법이 바뀌어서 혼자서도 가능해졌어. 정말 말도 안 되는 차별처럼 보이지만, 이런 규정도 처음에는 여성을 보호하려는 목적에서 만들어진 거야. 여자가 혼자 밖에 나가면 위험할 수 있으니, 가족 중 남성이 여성을 보호해야 한다는 의미였던 거지.

하지만 현실에서는 '여자 혼자 외출 금지'는 보호보다는 억압의 수단이 되어 버렸어. 아무리 보호를 위한 제도라고 해도, 그것을 강요하는 순간 억압이 되는 거야.

이슬람교는 원래 여성의 지위를 크게 높여 준 종교였어. 이슬람 공동체가 처음 만들어질 당시에는 여성의 권리를 인정하고 여성을 보호하려고 노력했지. 그러기 위해서, 그 시대에 가능한 방법들을 찾았고 제도를 만든 거야.

그런데 지금은 이슬람교가 여성을 가장 차별하는 종교처럼 비치고 있어. 왜 이렇게 되어 버렸을까?

아마도, '목적'보다 '방법'만을 고집했기 때문일지도 몰라. 여자 혼자 외출을 금지했던 사우디아라비아의 사례처럼 말이야. 애초에 여성을 보호하려고 만든 제도가 시간이 지나면서 억압의 수단이 된 거지.

히잡도 마찬가지야. 일부다처제도 그래. 처음 그 제도가 만들어질 때의 의미는 잃고 형식만 남아서 여전히 여성들에게 히잡을 강요하고, 일부다처제가 당연하다고 여기는 경우가 많아.

시대는 변했고, 사람들의 생각도 달라졌는데 천 년 전의 제도만 그대로 유지하려고 하는 건 문제가 있어. 중요한 것은 제도가 아니라, 그 제도를 만든 원래의 목적이야. 그 목적에 맞게, 제도도 시대에 따라 달라져야 하는 거지.

## 4. 이슬람의 이름은 왜 이렇게 길까?

### 아주 긴 아랍식 이름

'아부 알 까심 무함마드 이븐 압드알라 이븐 압드 알 무탈립 이븐 하심 빈 압드 마나프 알 쿠라이시'

이게 뭔지 알겠어?

아랍어로 어떤 문장을 써 놓은 거 같지? 아랍어에는 알이라는 말이 많이 들어가고, 무함마드라는 말도 나오고 알라라는 말도 나오는 거 보니 꾸란의 구절인 거 같기도 하고, 기도문 같기도 하지. 그런데 이건 이름이야. 그것도 한 사람의 이름이지.

한국 이름은 보통 세 글자이고 아니면 두 글자나 네 글자인 경우가 대부분이야. 하지만 아랍식 이름은 보통 이렇게 길어.

한국식 이름은 앞에 성이 있고, 그 뒤에 이름이 와. 양대승이라고 하면 양이 성이고 대승이 이름이지. 성과 이름으로 되어 있는 한국식 이름과 달리, 아랍식 이름에는 자신의 아버지, 할아버지, 가문, 부족의 이름이 들어가는 경우가 많아. 심지어 자식의 이름이 포함되기도 해. 그래서 아랍식 이름은 보통 '자식 이름-자기 이름-아버지 이름-할아버지 이름-가문이나 부족 이름, 혹은 출신지'의 순서로 구성돼.

그럼 위에 있는 이름을 살펴볼까.

맨 앞에 나오는 '아부'라는 말은 누구의 아버지라는 뜻이야. 예를 들어, 아부 알 까심은 알 까심의 아버지라는 의미야. 한국에서 자녀가 있는 부모를 부를 때 '지인이 아빠', '정인이 아빠'라고 부르는 것과 같아.

아랍에서는 '누구의 아빠'를 정식 이름으로 사용하는 경우가 많아. 무함마드의 뒤를 이어 첫 번째 칼리파가 된 사람의 이름 기억나? '아부 바크르'야. 아부 바크르는 바크르의 아버지라는 뜻이야.

바크르는 처녀라는 뜻이어서 '처녀의 아버지'라는 뜻이야. 여기서 처녀는 무함마드와 결혼한 딸인 아이샤를 의미해. 어쨌든 이슬람에서 가장 높은 자리에 오른 사람의 이름이 바크르 아빠라고 하면 조금 이상하게 들리기도 하지. 한국에서 대통령의 원래 이름을 부르지 않고 '지인이 아빠'라고 부르지는 않으니까 말이야. 하지만 아랍에서는 전혀 이상한 일이 아니야.

아부 알 까심 뒤에 나오는 무함마드는 본인의 이름이야.

그리고 '이븐'이나 '빈'은 '누구의 아들'이라는 뜻이야. 이 단어들은 주로 아버지 이름 앞에 붙지만, 긴 이름에서는 조상이나 혈통, 가문을 나타낼 때도 쓰여. '이븐 압드알라'는 '압드알라의 아들'이라는 뜻이지. 그 뒤에 나오는 '압드 알 무탈립'은 할아버지의 이름이고, '하심'은 가문 이름, '쿠라이시'는 부족 이름이야.

그래서 이름만 봐도 '무함마드는 알 까심의 아버지이고, 압드알라의 아들이며, 압드 알 무탈립의 손자이고, 하심 가문 출신의 쿠라이시 부족 사람이다'라는 걸 알 수 있어.

이 이름의 주인공은 이슬람 공동체를 만든 사람 무함마드야. 무함마드의 전체 이름은 이렇게 길지만 전체를 다 부르기에는 너무 길어서 그냥 무함마드라고만 부르는 거야.

'누구의 아들'이라는 말이 있으니, '누구의 딸'이라는 말도 있겠지? '빈트'는 '누구의 딸'이라는 뜻이고, '움무'는 '누구의 어머니'라는 뜻이야.

 무함마드를 뜻하는 또 다른 명칭, 무스타파

무함마드를 무스타파라고 부르기도 해. 무스타파란 '선택받은 사람'이라는 뜻이지. 무함마드의 이름을 함부로 부르기 어렵거나 할 때 이름 대신 무스타파라고 해. 예수를 이름 대신 그리스도라고 부르는 것과 비슷해. 그리스도라는 말은 크리스트, 즉 '기름부음을 받은 사람'이라는 뜻이야.

### 세상에서 가장 많이 쓰인 이름은?

지금 전 세계에서 가장 많이 쓰이고 있는 이름은 무엇일까? 전 세계에서 가장 널리 쓰이는 이름은 '무함마드'야.

이슬람에서는 최후의 심판을 믿어. 모든 사람은 심판을 받을 때 각자의 이름이 불리기 때문에 이슬람에서는 이름을 중요하게 생각해. 종교가 곧 생활인 이슬람에서는 이름에도 종교적인 의미가 많이 담겨 있어.

이슬람에서 이름을 짓는 방법에는 크게 세 가지가 있어.

첫 번째는 꾸란이나 성경에 나오는 예언자들과 그 가족 등, 예언자 주변 사람들의 이름을 따는 방법이야.

'무함마드'라는 이름이 가장 많은 이유도 그 때문이야. 무함마드뿐만 아니라 알리와 후세인, 하산 등의 이름도 많이 써. 이 세 사람은 무함마드와 가까운 인물이자, 이슬람 세계에서 가장 널리 쓰이는 남성 이름들이야.

여성 이름으로는 무함마드의 딸인 파티마, 부인이었던 카디자, 아이샤, 자이납 등이 많이 쓰여. 이들 모두 이슬람 역사에서 중요한 인물들이지.

성경에 나오는 예수, 아담, 아브라함, 모세, 마리아, 요한 같은 이름들도 무슬림들이 이름으로 많이 써. 이 이름들은 아랍어식으로 바뀌어서 쓰이는데, 예수는 이사, 아브라함은 이브라힘, 모세는 무사, 마리아는 마리얌, 요한은 야흐야라는 이름으로 불려.

두 번째는 알라의 종이라는 뜻으로 '압드'를 넣은 이름이야.

압드는 '종', '하인'이란 뜻이야. 압드알라는 알라의 종이라는 뜻이지. 압드알라를 압둘라라고 쓰기도 해. 여자 이름은 압드 대신 '아마'라는 말을 쓰는데 '아마툴라'가 '신의 종'이라는 뜻이야.

'압둘 라흐만'은 '자비로운 분의 종', '압둘 카림'은 '관대하신 분의 종', '압둘

자밀'은 '아름다우신 분의 종'이라는 뜻이야. 이 이름들은 모두 '알라의 종'이라는 의미야. 꾸란에서 알라를 위대하고, 지혜롭고, 자비로운 분 등 다양하게 표현하고 있거든.

    세 번째는 다른 문화에서도 일반적으로 사용되는 자연이나 바라는 점, 좋은 의미 등을 담은 이름이야. 아름다움을 뜻하는 '자밀라', 행복이라는 뜻의 '수아드', 천사를 뜻하는 '밀라크', 꽃이라는 뜻의 '주흐르' 같은 이름들이지.

## 9·11 테러를 일으킨 사람은 빈 라덴이 아니다?

2001년 미국에서 발생한 9·11 테러의 배후로 알려진 인물은 오사마 빈 라덴이야. 그런데 사람들은 종종 그를 '빈 라덴'이라고 부르기도 해. 하지만 이건 엄밀히 말하면 부정확한 표현이야.

빈 라덴은 '라덴 가문 출신'이라는 뜻이야. '빈 라덴'에서 '빈'은 '~의 아들'이라는 뜻이고, '라덴'은 가문의 이름이야. '오사마 빈 라덴'의 전체 이름은 '오사마 빈 무함마드 빈 아와드 빈 라덴'이야. '오사마는 무함마드의 아들이고, 아와드의 손자이며 라덴 가문 출신이다.'라는 뜻이지.

만약 그가 '빈 라덴'을 성처럼 스스로 사용했다면 그렇게 불러도 괜찮겠지만, 그가 테러 활동을 벌이자 라덴 가문에서는 그를 추방했어. 그래서 그를 '빈 라덴'이라고 부르는 것을 불편하게 여기는 사람들도 있어.

## 제5장
## 이슬람과 테러

## 1. 이슬람교와 기독교의 십자군 전쟁

### 아라비아 반도를 찾아간 교황

2019년 2월, 프란치스코 전 교황이 아랍에미리트의 아부다비를 방문했어. 전 세계 방송과 신문은 이것을 아주 크게 보도했어.

'교황, 새 역사를 썼다.'

'아라비아 지역에서 역사적인 미사를 연 교황'

가톨릭교의 가장 높은 성직자인 교황은 세계 곳곳을 방문해. 교황이 다른 나라를 방문하는 것은 아주 특별한 일은 아니지. 그런데 왜 세계 언론들은 교황의 아랍에미리트 방문을 역사적인 방문이라고 크게 보도했을까? 그 이유는 처음으로 교황이 아라비아 반도를 찾아왔기 때문이야.

아랍에미리트는 사우디아라비아 등과 함께 아라비아 반도에 있는 나라야. 앞에서 이야기했듯 무함마드가 이슬람 공동체를 만들었던 메카와 메디나는 아

라비아 반도에 있고, 아라비아 반도는 이슬람교가 만들어진 곳이지.

수많은 교황이 있었지만 아라비아를 찾아온 교황은 아무도 없었어. 여러 가지 이유가 있겠지만 가장 크게는 기독교와 이슬람교 사이의 오랜 갈등 때문이야.

### 이슬람과의 전쟁을 부추긴 교황

이슬람이 만들어졌을 당시 기독교와 이슬람은 특별히 사이가 나쁜 건 아니었어.

"유대교와 기독교를 믿는 사람들은 신의 말씀인 성서를 믿는 책의 백성이다. 세금만 내면 그들의 종교를 믿도록 해 주어라."

무함마드는 유대교와 기독교가 이슬람교와 같은 뿌리라고 생각하고 그들의 종교를 인정해 주었어. 이러한 전통은 무함마드가 죽고 나서도 계속 이어졌어.

이슬람이 예루살렘을 점령한 것은 638년이었어. 그 후 400여 년 동안 예루살렘에는 유대교, 기독교, 이슬람교가 어우러져 큰 문제 없이 지냈어. 물론 작은 충돌들은 있었지만 말이야. 그런데 1095년에 뜻밖의 사건이 일어났어. 로마 교황이 400여 년 전에 빼앗긴 예루살렘을 되찾아야 한다고 주장한 거야.

"미개한 이슬람이 우리 기독교의 성지인 예루살렘을 빼앗았습니다. 군대를 일으켜 이슬람을 물리치고 예루살렘을 되찾아야 합니다. 이것은 신의 명령입니다."

로마 교황의 주장대로 서유럽에서는 군대를 일으켜 이슬람으로 쳐들어갔어. 이것이 바로 십자군 전쟁이야.

 ## 세 종교의 성지인 예루살렘

예루살렘은 유대교, 기독교, 이슬람교 세 종교가 신성하게 여기는 곳이야.

예루살렘은 약 3,000년 전에 유대인들이 세운 이스라엘의 수도로 유대인들의 궁궐과 유대교 성전이 있었어. 예루살렘이 유대교의 성지가 된 것은 당연하지.

그리고 예루살렘은 예수가 십자가에 못 박혀 죽었고, 부활한 곳이야. 예수의 무덤이 있는 예루살렘을 기독교에서는 가장 중요한 성지로 여겨.

또한 예루살렘은 무함마드가 하늘로 올라간 곳이야. 그래서 이슬람교에서는 예루살렘을 메카, 메디나와 함께 성지로 생각해.

### 교황이 십자군 전쟁을 일으킨 이유

로마 교황이 이런 주장을 한 이유는 아주 복잡한 당시의 상황 때문이었어.

먼저 이 무렵에는 기독교가 둘로 갈라졌어. 유럽에서부터 북아프리카, 서쪽 아시아 지역에 걸친 대제국을 이룩한 로마는 395년에 서로마와 동로마인 비잔티움 제국으로 갈라졌어. 이때부터 서로마와 동로마의 기독교는 다른 길을 걷게 되었어. 서로마에서는 로마 교황이 교회의 중심이었고, 동로마에서는 비잔티움 제국의 황제를 중심으로 교회가 발전해 나갔어.

476년, 서로마가 멸망한 후에는 더욱 큰 차이가 생겨났어. 서로마가 멸망하자 동로마에서는 이제 로마는 비잔티움 제국밖에 없다고 생각했어. 기독교의 전통도 당연히 동로마가 이어 간다고 여겼지.

"비잔티움 제국의 황제는 유일한 로마의 황제이자 기독교 세계의 최고 지배자이다."

비잔티움의 황제는 로마 교황도 자신의 명령에 따라야 한다고 생각했어. 하지만 로마 교황은 점차 힘을 키워 갔어. 서로마를 멸망시킨 게르만 민족도 기독교를 믿기 시작했거든.

서로마가 멸망한 이후 서유럽은 여러 나라로 갈라졌어. 나라끼리 싸우기도 하고, 한 나라 안에서도 서로 왕이 되려고 싸우기도 했지. 이런 혼란이 계속되자 교황의 힘은 점점 강해졌어.

새로 왕이 된 사람은 교황의 인정을 받으려 했어. 서유럽 사람들은 대부분 기독교를 믿었기 때문에 교황이 인정해 줘야 국민들이 왕을 따랐거든. 그러다 보니 교황은 각 나라의 왕을 세울 수도 쫓아낼 수도 있었어. 교황은 왕보다 더 높은 왕 중의 왕이 된 셈이야.

로마 교회와 비잔티움 교회는 서로 자기가 기독교의 중심이라고 싸웠어. 싸움은 점점 심해져 1054년에 두 교회는 완전히 갈라졌어. 서유럽의 로마 교회는 기독교의 정통을 따른다는 뜻의 '로마 가톨릭교회'가 되었고, 비잔티움 교회는 동쪽의 바른 교회라는 뜻의 '동방 정교회'가 되었지.

기독교가 갈라질 무렵 비잔티움 제국은 이슬람의 거센 공격을 받고 있었어. 아시아 쪽 땅을 대부분 빼앗기고 수도인 콘스탄티노플까지 공격을 당했지. 나라가 위험해지자 비잔티움 황제는 로마 교황에게 도움을 요청했어.

"이슬람 세력이 우리를 공격하고 있습니다. 같은 기독교를 믿는 우리를 도와주십시오."

비잔티움 황제의 요청을 받은 교황은 의기양양해졌어.

"나를 무시하던 동로마의 황제가 나에게 도와 달라고 했단 말이지? 이 기회에 동로마의 교회까지 내가 다스려야겠어."

교황은 비잔티움을 돕기 위해 군대를 일으켜야 한다고 했어. 교황은 거기서 그치지 않고 군대를 일으켰으니 이슬람을 물리치고 예루살렘을 되찾아야 한다고 했지. 종교적인 이유로 전쟁이 일어나면 교황이 서유럽의 왕들과 기사들을 지휘할 수 있었어. 교황은 십자군 전쟁이 교황의 힘을 더욱 키울 수 있는 기회라고 생각했던 거야.

### 예루살렘을 정복한 십자군

"신은 이슬람을 물리치고 예루살렘을 되찾기를 원하신다. 신을 위한 전쟁에 나간 사람은 모든 죄를 용서받고 천국에 갈 수 있다."

교황과 성직자들은 곳곳을 돌아다니며 외쳤어.

사람들은 교황의 말을 신의 말이라고 믿었어.

"신의 뜻에 따라 전쟁에 나서자!"

왕, 영주, 기사들뿐만 아니라 농민, 장사꾼, 거지들까지 다양한 사람들이 모여들었어. 사람들은 신을 위해 싸우겠다는 의미로 옷에 십자가를 붙였어. 그래서 십자군이라고 부르지.

하지만 모두가 순수한 마음으로 모인 것은 아니었어. 이슬람을 공격해서 땅을 빼앗고 싶은 사람, 보물을 차지하고 싶은 사람, 돈을 벌고 싶은 사람 등 각각 다른 속셈을 가진 사람들이 십자군에 모여들었어.

"미개한 이슬람을 물리치고 예루살렘을 되찾자!"

1096년, 십자군이 예루살렘으로 출발했어. 십자군은 시작부터 신을 위한 거룩한 군대와는 거리가 멀었어. 십자군은 아주 먼 길을 가야 했고, 사람은 많았지만 식량을 비롯한 모든 물품이 부족했어. 십자군은 지나는 도시와 마을을 습격해서 식량과 보물을 빼앗고 잔인하게 사람들을 죽였어. 심지어는 도움을 요청했던 비잔티움 제국의 도시들도 약탈했어. 십자군이 지나는 도시는 쑥대밭이 되었지.

1099년 십자군은 예루살렘에 도착했어. 예루살렘을 점령한 십자군은 잔인한

학살자로 변했어.

"성스러운 예루살렘이 이슬람교를 믿는 놈들에게 더럽혀졌다. 이슬람의 피로 우리의 성지를 깨끗하게 씻어야 한다. 하나님을 모르고 예수님을 모욕한 이슬람 놈들을 모두 죽여라!"

십자군은 예루살렘 구석구석을 돌아다니면서 보이는 사람은 닥치는 대로 죽였어. 사람들을 이슬람 사원에 몰아넣고 불을 질러 버리기도 했어. 여자와 아이들과 노인들까지 모조리 죽였지.

십자군은 금, 은, 말과 같이 값나가는 물건들을 마구잡이로 빼앗았어. 아무것도 얻지 못한 십자군 병사들은 황금을 찾는다며 무덤을 파헤치기도 했어. 금화를 삼켰을지도 모른다며 산 사람의 배를 가르기도 했어. 예루살렘과 그 주변 지역은 끔찍한 지옥으로 변했어.

"하나님을 믿지 않는 자들을 죽이는 건 죄가 아닙니다. 천국에 가는 착한 일입니다."

교회의 성직자들은 이렇게 말하며 십자군의 잔인한 짓을 말리기는커녕 부추겼지.

십자군은 예루살렘과 그 주변 지역을 정복하고 기독교 왕국을 세웠어.

## 반격에 나선 이슬람

십자군의 승리는 오래가지 못했어. 십자군이 예루살렘을 정복할 수 있었던 이유는 이슬람 세계가 여러 갈래로 나뉘어 있었기 때문이야.

십자군 전쟁이 일어날 무렵, 이슬람 세계는 여러 세력으로 분열되어 있었어. 이란과 아나톨리아 지역의 셀주크 튀르크, 바그다드를 중심으로 한 아바스 왕조, 이집트의 파티마 왕조, 그리고 스페인 지역의 타이파 왕국 등은 서로 견제하고 싸우며 통합된 힘을 보여 주지 못했지.

심지어 상대를 물리치기 위해 십자군과 동맹을 맺으려고 한 이슬람 세력도 있었어. 그러다 보니 십자군이 예루살렘과 주변 도시들을 공격해도, 다른 이슬람 세력들이 도와주지 않았던 거야. 게다가 당시 이슬람 세계는 십자군이 왜 쳐들어왔는지도 제대로 몰랐어.

하지만 십자군의 잔인한 학살은 이슬람 세계에 큰 충격을 줬어.

"이슬람 형제들을 잔인하게 죽인 십자군이 진짜 적이다."

이런 생각이 퍼지면서, 그동안 서로 싸우기만 하던 이슬람 세력들이 점차 하나로 뭉치기 시작했어.

이렇게 이슬람을 통합한 인물이 바로 살라딘이야.

살라딘은 이슬람 군대를 이끌고 십자군이 점령한 지역을 하나씩 무너뜨렸어. 결국 1187년에 살라딘의 군대는 예루살렘에 이르렀지. 살라딘이 예루살렘에 오자 십자군은 겁에 질렸어. 예전에 자신들이 했던 것과 똑같이 살라딘이 자기들을 죽일 거라고 생각했지. 하지만 살라딘은 이슬람 군대에 명령했어.

"십자군이라도 함부로 죽이지 마라. 누구의 물건도 빼앗지 마라. 어떤 것도 파괴하지 마라!"

그리고 살라딘은 예루살렘에 있는 십자군에게 말했어.

"항복하면 모두 살려 주겠다. 몸값을 내면 너희들을 모두 자유롭게 풀어 주겠다."

싸워 봐야 이길 수 없다고 판단한 십자군은 살라딘에게 항복했어. 살라딘은 약속을 지켜 돈을 낸 십자군을 풀어 주었어.

이슬람 군대가 예루살렘에 들어왔을 때는 십자군이 들어왔을 때와는 달랐어. 십자군과 기독교인들을 죽이지도 않았고, 물건을 빼앗지도 않았고, 기독교 교회 건물을 파괴하지도 않았어.

살라딘은 전쟁을 승리로 이끌어 이슬람의 영웅이 되었어. 살라딘은 그 후에도 뛰어난 지략으로 십자군의 계속되는 공격을 잘 막아 냈어. 살라딘은 지혜와 너그러움을 가진 왕이었어. 십자군을 지휘하는 영국 왕이 병이 들었다는 소식을 듣고 약을 보내 주기도 했어. 그래서 이슬람뿐만 아니라 유럽 사람들도 살라딘을 훌륭한 인물로 존경했지.

### 십자가 없는 십자군

예루살렘을 빼앗기자 유럽에서는 다시 십자군을 모았어. 이번엔 영국, 프랑스, 독일의 왕들까지 나서서 전쟁을 이끌었지. 하지만 끝내 예루살렘을 되찾진 못했어.

"예루살렘은 예수님이 십자가에 달려 돌아가시고 부활하신 곳이다. 성지를 되찾아야 한다!"

교황은 계속해서 십자군을 보내자고 했지만, 그때의 십자군은 더 이상 신앙으로 뭉친 군대가 아니었어.

가장 끔찍했던 건 네 번째 십자군이었지.

십자군은 베네치아 상인에게 배를 빌리기로 했는데, 약속한 돈을 다 모으지 못했어. 그러자 돈을 대신해 같은 기독교 도시인 자라를 공격해서 약탈했지.

여기서 멈추지 않고, 비잔티움 제국의 수도 콘스탄티노플까지 쳐들어갔어.

도움을 요청했던 비잔티움 제국을 공격한 셈이야. 준비가 안 된 콘스탄티노플은 순식간에 무너졌고, 십자군은 도시를 잔인하게 약탈했어. 교회 안 장식품까지 훔치고, 눈에 거슬리는 사람들은 가차 없이 죽였지. 도시에 불을 질러, 천 년 넘게 이어 온 찬란한 문명을 잿더미로 만들었어.

"십자가 없는 십자군이야."

사람들은 신앙을 잃고 탐욕에 물든 그들을 이렇게 불렀어.

그 후에도 십자군은 계속 만들어졌어. 공식적으로는 여덟 번, 그 외에도 농민들이 모인 농민 십자군, 아이들로 이루어진 소년 십자군도 있었지.

1096년부터 약 200년 동안, 수많은 전쟁이 이어졌고, 수많은 사람이 목숨을 잃었어. 결국 십자군은 아무것도 얻지 못한 채 그렇게 끝나 버렸지.

 ## 십자군과 비잔티움 제국

십자군이 만들어지자 비잔티움 황제는 깜짝 놀랐어. 로마 교황에게 도움을 요청한 것은 서유럽의 군사 지원을 받아서 이슬람의 공격을 막아 보려고 했던 것이었어. 예루살렘을 되찾겠다는 엄청난 계획을 가지고 십자군이 만들어질 줄은 몰랐지.

비잔티움 황제는 십자군이 비잔티움 제국에 도움이 되지 않을 것이라고 생각했어. 십자군이 비잔티움 제국을 약탈할지도 모른다고 걱정했지. 이런 걱정은 현실이 되었어.

비잔티움 제국이 세워지고 멸망할 때까지 천 년이 넘는 시간 동안 콘스탄티노플은 단 두 번 침략당했어. 그중 하나가 바로 십자군의 침입이었지. 이 사건 이후 제국은 크게 약해졌고, 결국 멸망하고 말았어. 십자군을 끌어들인 게 제국 몰락의 원인이 된 셈이야.

### 십자군 전쟁이 남긴 것

200여 년 동안 이어진 십자군 전쟁은 많은 것을 바꾸어 놓았어.

먼저 유럽에서 교황의 힘이 약해졌어. 교황은 교황의 힘을 키우려고 십자군 전쟁을 일으켰어. 교황은 신이 도와주고 지켜 줄 것이라고 약속했지만 십자군은 실패하고 말았어. 사람들은 교황의 말이 신의 말이 아닐 수도 있다고 생각하게 되었어. 더군다나 신을 위한 군대가 잔인한 학살과 약탈을 저지르는 모습을 보고 교황과 교회에 대한 믿음은 더욱 흔들렸지. 교황의 힘이 약해지자 왕들의 힘이 강해졌어.

그리고 문화적으로는 서양이 발전하게 되는 계기가 되었어. 십자군 전쟁이 일어나기 전까지만 해도 유럽 사람들은 이슬람교와 이슬람 사회에 대해서 잘 몰랐어. 이슬람교가 여러 신을 믿는 다신교라고 생각하기도 했고, 무함마드를 믿는 종교라고 생각하기도 했어. 그래서 무함마드를 사탄처럼 여기기도 했지. 미개한 이슬람이라고 생각했지만 직접 가서 본 이슬람 사회는 서유럽보다 훨씬 발전된 문화를 가지고 있었어. 사실 그 당시 가장 미개한 사회는 서유럽이었어. 비잔티움 제국과 이슬람은 훨씬 발전된 과학 기술과 문화를 가지고 있었지. 발달한 이슬람의 문명을 받아들이면서 유럽의 기술과 학문이 발전할 수 있었어.

십자군 전쟁으로 후추와 같은 향신료를 비롯한 동방의 상품들이 유럽에 널리 퍼지기도 했어. 유럽에서는 이런 물건들을 팔기 위해 무역과 상업이 발달하게 되었지. 뒷날 콜럼버스가 아메리카에 간 것도 후추와 같은 향신료를 얻기 위해서였어.

비잔티움 제국은 십자군 전쟁을 거치면서 한때의 강력한 힘을 잃고 말았어. 원래는 도움을 청했던 십자군에게 오히려 피해를 입은 거지. 이후 간신히 명맥을 이어 가던 비잔티움 제국은 결국 1453년, 이슬람 국가인 오스만 제국에 의해 멸망하고 말아.

이슬람에서는 기독교를 적으로 여기게 되었어. 십자군 전쟁으로 기독교를 인정해 주고 너그럽게 대해 줄 수 없게 된 거야. 십자군의 도를 넘은 끔찍한 학살 때문이었지. 십자군 전쟁 이후 이슬람과 유럽의 기독교는 이전보다 훨씬 더 갈등이 심해졌어. 십자군 전쟁 이전에도 전쟁은 있었어. 십자군 전쟁이 다른 전쟁과 달랐던 점은 종교적인 이유 때문에 일어난 전쟁이라는 점이야. 그래서 십자군 전쟁 이후 기독교와 이슬람교의 대립이 심해졌지.

## 2. 중동 국가들에서 분쟁이 많이 일어나는 이유는?

### 중동 지역 국경선에 직선이 많은 이유

다음 페이지에 있는 지도를 봐. 이슬람교를 믿는 중동과 아프리카 북부에 있는 나라들 지도야. 이 지도를 보면 조금 이상한 점이 있지 않아? 중동과 아프리카 북부 지역의 나라들을 보면 국경선이 반듯한 직선인 곳이 많아. 유럽 지도와 비교해 보면 한눈에 보이지. 유럽의 국경선을 보면 구불구불하잖아.

국경선은 강이나 산과 같은 자연적인 경계를 기준으로 만들어지는 경우가 많아. 또한 그 지역에 사는 민족이나 문화 등의 차이에 따라 국경이 나누어지기도 해. 국경선은 오랜 기간 사람들이 살면서 만들어지기 때문에 유럽의 국경선처럼 구불구불하게 만들어지는 것이 당연해. 그런데 왜 중동과 아프리카 북부 지역은 국경선이 반듯하게 그어져 있을까? 그 이유는 영국, 프랑스와 같은 서양의 나라들 때문이야.

이슬람 국가들의 국경선이 직선이 된 이유를 들으면 이슬람 사회가 왜 유럽과 미국을 싫어하는지 알 수 있을 거야. 단순히 유럽, 미국과 종교가 다르기 때문만은 아니야.

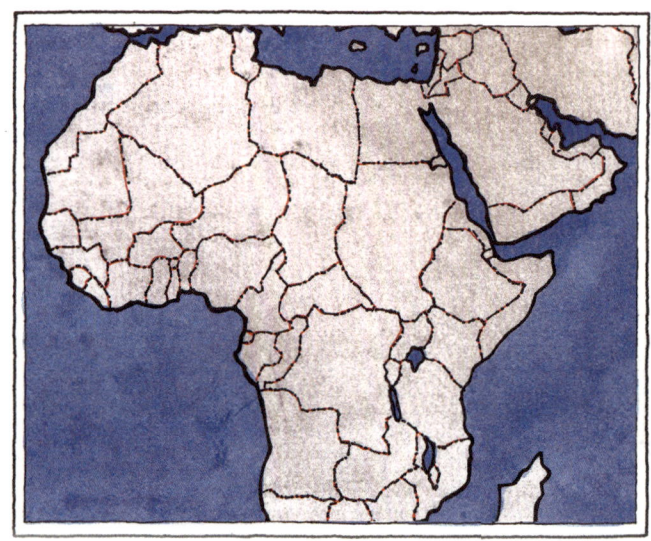
중동과 아프리카 북부 지역

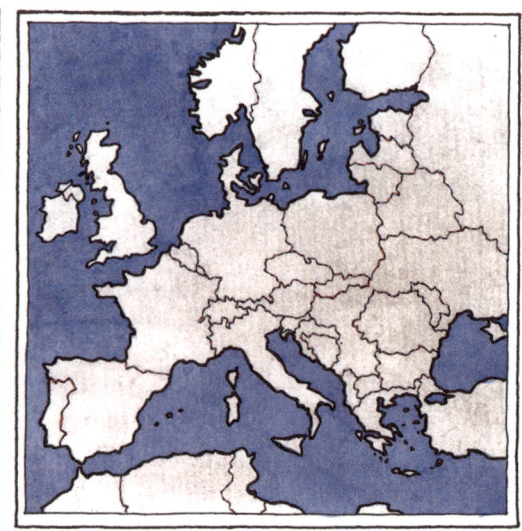
유럽

### 이슬람 세계의 주인이 된 오스만 제국

십자군 전쟁이 끝나 갈 무렵, 셀주크 튀르크는 약해졌고, 그 자리를 오스만 튀르크가 대신하게 되었어. 오스만 튀르크는 점점 강해졌고, 마침내 1453년,

비잔티움 제국의 수도 콘스탄티노플을 정복했지. 이로써 천 년 넘게 이어지던 동로마 제국은 멸망하고 말았어.

오스만 튀르크는 정복한 콘스탄티노플을 수도로 삼았고, 사람들은 이 도시를 '이스탄불'이라고 부르기 시작했어(공식 명칭이 이스탄불로 바뀐 건 1930년이야). 그 후 오스만 제국은 중동 지역과 북아프리카는 물론, 그리스와 동유럽까지 정복했어. 이렇게 해서 오스만 제국은 아시아, 아프리카, 유럽 세 대륙에 걸친 대제국이 되었어.

### 오스만 제국과 아랍 세계의 갈등, 그리고 쇠퇴의 시작

아랍인들에게 오스만 제국은 마냥 반가운 존재는 아니었어. 오스만 제국은 아랍인들이 세운 나라가 아니었기 때문이야. 이슬람 초기부터 아바스 왕조나 파티마 왕조까지 이슬람 세계를 이끌었던 나라는 대부분 아랍어를 쓰는 아랍인들이 세운 나라였어. 그런데 오스만 제국은 중앙아시아에서 온 튀르크족이 세운 나라였지. 민족도 다르고 언어도 달랐어. 아랍인들 입장에서 보면, 자신들의 땅과 이슬람 세계의 주도권을 외부 민족에게 빼앗긴 것이나 마찬가지였던 거야.

그럼에도 불구하고 튀르크족이 이슬람을 믿고 있었기 때문에 오스만 제국을 이슬람 제국으로 인정했어. 이후 1900년대 초까지 중동과 북아프리카 지역은 대부분 오스만 제국의 지배 아래 있었어.

한때 유럽 전체를 상대로 전쟁을 벌일 정도로 강력했던 오스만 제국은

1800년대에 들어서며 점차 약해지기 시작했어. 사실 오스만 제국이 급격히 약해졌다기보다는, 영국, 프랑스, 스페인 같은 유럽의 나라들이 빠르게 성장했다는 것이 맞지. 1800년대 초중반에는 유럽 강대국의 지원을 받은 헝가리, 세르비아, 그리스 등이 오스만 제국에서 독립했어. 오스만 제국은 유럽에 있던 많은 땅을 잃게 되었어. 유럽 강대국들은 거기서 멈추지 않고 오스만 제국의 영토를 욕심냈어. 이미 아프리카, 아시아, 아메리카 대부분의 지역을 식민지로 만든 유럽 강대국들은 오스만 제국의 넓은 땅을 먹잇감으로 삼은 거야.

### 중동 국가들에서 내전이 계속되는 이유

1914년에 시작된 제1차세계대전에서 오스만 제국은 독일, 오스트리아와 함께 동맹국으로 전쟁을 치렀어. 상대편은 영국, 프랑스, 러시아 등의 연합국이었지.

영국은 전쟁이 한창이던 1915년부터 아라비아의 하심 가문에게 접근했어.

"오스만 제국 안에서 반란을 일으켜 주면 아랍인들의 독립국을 세울 수 있도록 해 주겠다."

영국은 전쟁에서 적으로 맞붙은 오스만 제국의 힘을 약하게 하려고 이런 제안을 한 거야.

하심 가문은 이슬람에서 아주 중요한 가문이야. 무함마드가 바로 하심 가문 출신이었기 때문이지. 그래서 하심 가문은 무슬림들이 인정하는 최고의 명문가였어. 하심 가문과 아랍인들은 영국의 제안에 솔깃했어. 오스만 튀르크의 지배를 받는 것보다는 예전처럼 자신들의 아랍 제국을 만들고 싶었으니까 말이야. 그래서 하심 가문과 아랍인들은 이 약속을 믿고 영국을 도와줬지. 하지만 영국은 처음부터 이 약속을 지킬 마음이 없었어. 영국은 하심 가문과 아랍인들에게 한 약속과 비슷한 약속을 유대인들에게도 했거든.

"우리를 도와주면 팔레스타인 땅에 유대인의 나라를 세울 수 있도록 해 주겠다."

당시 유대인들은 전 세계에 흩어져 살고 있었어. 135년 로마 제국이 예루살렘의 반란을 진압하고 유대인들을 흩어지게 한 이후였지. 2,000여 년 가까운 시간이 흘렀지만, 유대인들은 조상들의 땅인 팔레스타인으로 돌아가 유대인의 나라 이스라엘을 세우고 싶어 했어. 그래서 유대인들도 영국의 약속을 믿고 영국과 연합국을 도와준 거야.

영국은 아랍인들과 유대인들이 원하는 것을 이용해 지킬 수 없는 두 가지 약속을 했어. 팔레스타인 땅은 아라비아 반도 북서쪽 지역에 있고, 예루살렘은 기독교와 이슬람교 모두에게 성지야. 그래서 어느 한쪽 약속을 지키면 다른 쪽 약속은 어길 수밖에 없는 상황이었지.

영국, 프랑스, 러시아 등 연합국이 전쟁에서 승리했어. 오스만 제국은 많은 땅을 잃고 지금의 튀르키예 땅만 남아 튀르키예 공화국이 되었어.

여기서 큰 문제가 생겼어. 영국은 아랍인과 유대인에게 했던 약속을 둘 다 지키지 않았어. 오스만 제국의 땅은 영국과 프랑스가 나누어 차지했거든.

특히 석유가 나는 중동 지역은 영국, 프랑스 같은 유럽 강대국들에게 매우 중요한 곳이었어. 제1차세계대전 무렵부터 석탄보다 석유의 중요성이 점점 커졌기 때문이지. 영국, 프랑스 등의 지배를 받으면서 중동 사람들은 많은 피해와 고통을 겪었고, 석유 등 자원도 빼앗겼어. 당연히 서양에 대한 반감과 미움은 더욱 커질 수밖에 없었지.

제2차세계대전이 끝난 1900년대 중반부터 전 세계적으로 식민지에서 독립하려는 움직임이 일어났어. 아시아와 아프리카의 많은 나라가 유럽의 지배에서 벗어나려 했지. 이런 흐름은 유럽과 미국 같은 강대국들도 막을 수 없었어.

중동 지역의 나라들도 이 시기에 독립을 맞이했지. 그런데 독립 과정에서도 영국, 프랑스 등 강대국들은 큰 잘못을 저질렀어.

유럽 강대국들은 자신들 마음대로 지도 위에 줄을 그은 것처럼 국경선을 정했어. 그 안에 사는 사람들의 민족, 종교, 문화는 전혀 고려하지 않았지. 바로 지금 우리가 보는 중동과 아프리카의 국경선이 그렇게 만들어진 거야.

이런 식으로 강대국들이 제멋대로 국경을 나누자 곳곳에서 문제가 생겼어. 한 나라 안에 기독교인과 이슬람교인이 함께 살고, 이슬람 내에서도 순니파와 시아파가 뒤섞였지. 또 같은 민족이지만 서로 다른 나라에 나뉘어 살게 되면서 다른 민족과 함께 살아야 했어. 이런 이유로 중동과 아프리카 각국에서는 종교나 민족 문제로 내부 갈등이 심해졌어. 기독교와 이슬람교, 순니파와 시아파, 그리고 민족 간의 갈등이 계속되면서 많은 나라에서 내전이 벌어졌지. 레바논, 예멘, 시리아, 이라크 등 여러 나라가 내전을 겪었고, 지금도 내전이 지속되고 있어.

## 이슬람 혁명과 이슬람 근본주의

서양의 강대국들은 중동 지역 나라들이 독립하는 것을 순순히 내버려두지 않았어. 독립한 나라들에 자신들의 말을 잘 듣는 정부를 세우려고 했지. 자신들에게 협조를 잘할 것 같은 사람이나 가문이나 단체에 힘을 실어 주었어. 그 결과 중동 지역의 대부분의 나라에서는 영국, 프랑스, 미국 등 서양의 강대국과 친한 정부가 들어섰어. 서양의 힘을 빌려 정권을 잡은 중동 국가의 정부들은 서양 강대국의 요구를 들어줄 수밖에 없었어. 서양의 강대국들은 자신들과 친한 정부들을 이용해서 석유를 비롯한 자원을 손쉽게 가져갔지. 중동의 국가들은 독립을 했지만 완전한 독립이 아니었던 거야.

"시아파의 중심지인 이란, 이슬람의 성지 메카와 메디나가 있는 사우디아라비아, 그리고 무함마드 가문의 후손들이 사는 요르단까지 모두 우리를 침략한 서양 세력의 편에 서다니?"

무슬림들은 대부분의 나라에서 서양과 친한 정부가 들어서는 것에 화가 났어. 그리고 서양의 영향을 받아 이슬람의 전통이 무너지는 것도 지켜봤지. 중동 곳곳에서는 서양과 친한 정부를 몰아내고 새로운 정부를 세우려는 움직임들이 일어났어. 하지만 서양의 강대국들은 이런 움직임이 있을 때마다 무기와 정보를 줘서 자신들과 친한 정부를 도와주었지.

한편, 오스만 제국이 멸망하면서 1924년에 칼리파 제도도 사라졌어. 칼리파가 사라진 것은 이슬람 세계에 큰 충격이었어. 약 1,300년 넘게 이슬람 공동체의 중심이었던 칼리파가 없어졌다는 것은 이슬람의 자존심에 큰 상처를 남겼지. 로마 제국이 멸망해도 기독교 교황은 존재했지만, 이슬람의 정신적 지도자이자 무함마드의 대리인인 칼리파가 없어진 거였으니까.

"왜 우리가 이런 수치를 당해야 하지?"

많은 무슬림은 그 이유를 바로 서양의 침입이라고 생각했어.

그러던 1979년 이란에서 이란 혁명이 일어났어. 이란의 국민들이 미국의 지원을 받아 독재를 하고 있던 팔라비 왕조를 무너뜨렸다는 이야기를 앞에서 했었지?

팔라비 왕조는 미국의 지원 아래 백색 혁명이라는 근대화·서구화 개혁을 추진했어. 토지 개혁, 여성 참정권 부여, 히잡·차도르 금지 같은 조치로 서구화를 밀어붙였지만, 성직자들과 전통 계층의 반발, 빈부 격차, 부패, 독재 통치로 인해 민심을 잃었지. 결국 이슬람 근본주의자들이 혁명을 주도해 왕정을 무너뜨렸고, 호메이니가 권력을 잡았어.

"이슬람의 영광과 전통을 다시 찾아야 한다. 이제 이란은 꾸란으로 돌아가 신성한 이슬람 국가를 만들어야 한다."

새로운 이란은 이슬람교의 가르침이 곧 법이 되는 종교와 정치가 하나인 나라가 되었어. 이란 혁명은 다른 나라 무슬림들에게 큰 영향을 주었어.

"우리가 서양 세력에게 지배를 받게 된 것은 우리가 종교적으로 타락했기 때문이야. 서양 문명을 거부하고 이슬람교의 본래의 정신으로 돌아가야 한다."

이렇게 이슬람 사회 전반에 '이슬람 근본주의'가 퍼져 나갔어. 이슬람 근본주의란, 전통 이슬람 가르침을 문자 그대로 엄격하게 지키려는 움직임을 뜻해.

### 이슬람 근본주의와 테러 단체

근본주의는 이슬람에만 있는 것은 아니야. 성경에 쓰인 내용을 글자 그대로 지켜야 한다는 기독교 근본주의도 있어. 근본주의는 종교적으로 순수해 보일 수도 있지만 큰 문제가 있어. 시대의 변화와 다른 종교를 인정하지 않는다는 점이야.

꾸란이나 성경이 쓰인 시대와 지금은 많이 달라졌어. 글자 그대로 지키는 것은 현실적으로 불가능해. 예를 들어 성경에는 "죄를 지은 사람은 돌로 쳐 죽여라!"라는 구절이 있지만, 그런 말씀을 그대로 실행할 수는 없잖아. 중요한 것은 성경과 꾸란에 적힌 글자 하나하나를 다 지키는 것이 아니라 성경과 꾸란의 정신과 가르침을 따르는 것이지.

그리고 근본주의자들은 오직 자신들만이 옳다고 생각하기 때문에 다른 종교를 인정하지 않고 타협하려고 하지도 않아. 이런 종교 근본주의가 종교 간 갈등과 충돌의 큰 원인 중 하나야.

이슬람 근본주의를 가진 사람들 중 일부는 급진적인 무장 단체를 만들었어. 급진적인 이슬람 무장 단체들은 서양에 협조적인 정부를 몰아내는 것과 이슬람을 괴롭히는 서양 세력에게 복수하는 것을 목표로 삼고 있어. 이들은 비밀리에 사람들을 훈련시키고 각종 테러를 벌이고 있어. 이슬람 무장 단체는 타락한 정부와 서양 세력을 몰아내기 위해서는 테러와 같은 폭력을 쓰는 것이 정당하고 필요하다고 믿어. 하지만 이들의 무차별적인 테러는 무슬림 사회에서조차 많은 비난을 받고 있지. 무슬림들은 폭력을 저지르는 사람은 진정한 무슬림이 아니라고 생각해.

# 3. 종교 간의 분쟁을 더욱 부추긴 팔레스타인과 이스라엘

## 아주 오래된 이스라엘과 팔레스타인의 싸움

팔레스타인 지역은 수십 년 동안 전쟁과 갈등이 끊이지 않는 곳이야. 이슬람교와 중동 지역, 그리고 서양 국가들 사이의 긴장을 키운 것도 바로 팔레스타인 문제이고, 이 지역은 이슬람교, 기독교, 유대교 세 종교 간의 갈등이 가장 심한 곳이기도 해.

1948년, 팔레스타인 지역에 유대인들이 자신들의 나라 '이스라엘'을 세우면서 갈등이 본격화되었어.

팔레스타인과 이스라엘을 이해하려면 아주 먼 옛날의 역사부터 알아야 해.

원래 팔레스타인 땅에는 여러 민족이 살고 있었는데, 성경에 따르면 약 3,300년 전 모세가 이스라엘 민족을 이끌고 이 지역으로 왔어. 성경에는 모세가 이스라엘 민족을 이끌고 애굽(이집트)을 탈출해 가나안으로 가는 이야기가 나오지. 가나안은 지금의 팔레스타인, 이스라엘, 요르단 일부, 시리아 남부 등을 포함하는 넓은 지역을 말해.

모세가 이스라엘 민족을 이끌고 가나안 지역에 들어오면서, 이곳에 살던 여러 민족들과의 충돌이 시작되었어. 이후 이스라엘 민족은 다윗 왕 때 이 지역을 정복하고 이스라엘 왕국을 세우게 되었지.

하지만 이스라엘은 아시리아, 바빌로니아, 마케도니아 등 주변 강대국에게 계속 침략을 받았고, 결국 기원전 63년에 로마의 식민지가 되었어. 유대인들은 독립을 위해 반란을 일으켰지만, 135년에 로마군에게 완전히 패배했어. 로마는 유대인들이 다시 반란을 일으키지 못하도록 그들을 살던 땅에서 쫓아냈어. 유대인들은 나라와 고향을 잃고 세계 곳곳에 흩어져 살게 되었어.

 이스라엘과 유대인이라는 말은 어떻게 생겼을까?

'이스라엘'은 원래 야곱의 다른 이름이야. 야곱은 아브라함의 손자지. 이스라엘은 야곱 한 사람 이름이면서 그의 자손을 뜻하는 말이 되었어. 야곱과 그의 열두 아들이 이집트로 가서 살았고, 자손이 많아지자 이집트 사람들은 그들을 '이스라엘 자손'이라 불렀어. 이들은 약 400년간 이집트에 머물다가 탈출해 가나안 땅에 돌아와 나라를 세웠어. 나라 이름도 이스라엘이었지.

이스라엘 왕국은 세워진 지 약 100년 만에 북왕국과 남왕국으로 나뉘었어. 북왕국은 약 200년 만에 멸망했고, 남왕국 유다만 남았지. 그때부터 '이스라엘' 대신 '유대'와 '유대인'이란 말이 더 많이 쓰였어. 결국 유대인과 이스라엘 민족은 거의 같은 뜻이야.

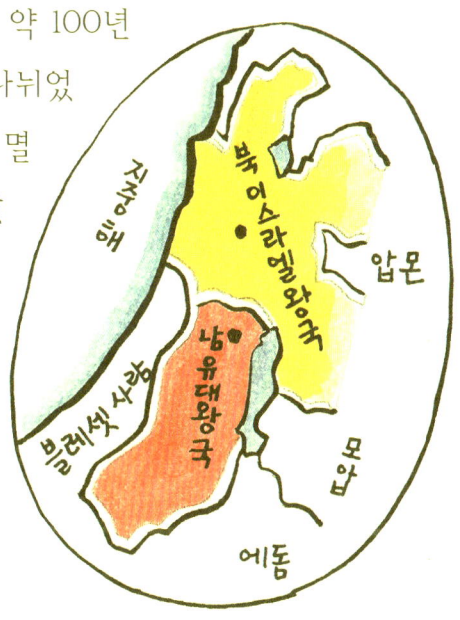

### 이스라엘을 도운 미국

세계 곳곳에 흩어져 있던 유대인들은 1800년대 후반부터 자신들의 나라를 세우자는 운동을 일으켰어.

"우리 유대인들은 오랫동안 나라 없이 차별을 받고 살아왔다. 이제 우리도 우리의 나라를 다시 세우자!"

"우리 조상들의 나라 이스라엘이 있었던 예루살렘으로 돌아가 나라를 세우자."

유대인들의 이런 움직임에 기름을 부은 것은 서양의 강대국들이었어. 제1차 세계대전 당시 유대인들은 돈을 많이 가지고 있었고, 미국에 큰 영향력을 끼쳤어. 강대국들은 유대인들의 돈과 미국의 도움을 받기 위해 유대인들에게 이렇게 말했어.

"우리를 도와주면 당신들이 원하는 대로 나라를 세울 수 있도록 해 주겠다."

이 약속을 믿고 유대인들은 팔레스타인 지역으로 모여들었어. 더군다나 제2차세계대전 당시 독일의 히틀러가 수많은 유대인을 학살하는 사건이 일어났어. 유대인들은 자신들을 지켜 줄 나라가 필요하다고 절실히 느끼고 팔레스타인으로 속속 모여들었지. 그런데 문제는 팔레스타인 땅이 아무도 살지 않는 황무지가 아니었다는 거야. 그곳에는 팔레스타인 사람들이 계속해서 살고 있었지.

"2,000여 년 전에 유대인이 나라가 있었으니까 이 땅이 자기들 땅이라는 주장은 억지야. 그렇게 따지면 몽골 사람들은 아시아 대륙과 동유럽까지 다

자기 땅이라며 내놓으라고 해야 할 거야. 과거 몽골 제국이 그 땅을 차지했으니까 말이야."

누가 봐도 유대인들의 주장은 말이 안 되지. 하지만 유대인들은 1948년 팔레스타인 땅에 자신들의 나라 이스라엘을 세웠어. 이 과정에는 미국과 영국 등 강대국의 영향과 1947년 유엔이 팔레스타인 땅을 유대인과 아랍인 구역으로 나눈 분할안이 큰 역할을 했지. 이후 영국은 철수했고, 유대인들은 나라를 세우는 데 성공했어.

이스라엘이 세워지자 주변 국가들은 강하게 반발했어. 자신들이 살던 땅을 잃게 된 팔레스타인 사람들이 가만히 있을 리 없잖아. 팔레스타인뿐만 아니라 이집트, 시리아 등 이슬람 국가들은 힘을 합쳐 이스라엘과 전쟁을 벌였어. 그러나 미국의 전폭적인 지원을 받은 이스라엘은 이슬람 국가들의 공격을 막아 냈지. 이후 네 차례의 전쟁에서도 이슬람 국가들은 모두 패배했어.

"우리가 이스라엘을 이기지 못하다니…… 우리가 진 것은 미국 때문이다."

이때부터 이슬람 사회에서는 미국에 대한 반감이 커졌어. 사실 그 전까지 미국과 이슬람 사이에는 큰 문제가 없었어. 하지만 미국이 이스라엘을 적극적으로 도와주면서, 미국은 이슬람 사회가 가장 싫어하는 나라가 되었지.

### 종교 분쟁으로 번진 팔레스타인

팔레스타인 땅에 이스라엘이 세워진 사건은 종교 문제까지 얽혀 아주 복잡해졌어. 이스라엘의 유대교, 이스라엘을 도운 미국을 비롯한 서양의 기독교와 팔레스타인과 중동의 이슬람교 사이의 갈등이 더욱 심해진 거지. 참고로 이스라엘은 기독교 국가가 아니라 유대교 국가야.

"과거 예루살렘을 빼앗겠다고 쳐들어와 끔찍한 학살을 저지른 십자군과 다를 바 없다. 유대교와 기독교 세력이 침략해 팔레스타인을 불법적으로 점령했다. 이건 이슬람교에 대한 도전이다."

이슬람 사회는 유대교와 기독교가 손잡고 자신들의 땅을 빼앗았다고 생각했어. 이슬람 사회는 이스라엘뿐만 아니라 이스라엘을 도운 미국을 비롯한 서양의 기독교에 대한 반감이 커질 수밖에 없었지.

종교 갈등까지 더해지면서 팔레스타인 지역에서는 수십 년간 전쟁이 끊이지 않고 있어. 이스라엘과 팔레스타인은 여러 차례 평화 협정을 맺었지만, 번번이 지켜지지 않았어. 지금도 팔레스타인 무장 세력은 로켓 공격을 벌이고, 이스라엘은 미사일 공격으로 대응하고 있어. 팔레스타인이 공격하면, 이스라엘은 미사일로 보복하지. 그러면 팔레스타인은 또 공격하고, 이스라엘은 더 강력한 공격으로 맞서면서 이 갈등은 계속되고 있어.

## 4. 이슬람교는 테러를 잘 일으킨다?

### 충격적인 9·11 테러

2001년 9월 11일 아침에 충격적인 사건이 일어났어. 비행기 두 대가 미국의 뉴욕에 있는 110층짜리 세계무역센터 쌍둥이 빌딩을 들이받은 거야. 오전 8시

46분에 첫 번째 비행기가, 잠시 후인 오전 9시 3분에 두 번째 비행기가 각각 쌍둥이 빌딩에 하나씩 충돌했어. 세계무역센터 쌍둥이 빌딩이 폭발하면서 불길이 치솟았어. 쌍둥이 빌딩은 처참하게 무너져 내렸어. 비행기에 타고 있던 사람들과 빌딩 안에 있던 사람 수천 명이 목숨을 잃었지.

세계무역센터에 부딪힌 비행기들은 사람들을 태우고 미국의 도시들을 오가는 비행기들이었어. 처음에는 단순한 비행기 사고라고 생각했어. 여객기를 이용한 테러는 그 누구도 상상하기 어려웠으니까. 하지만 두 대의 비행기가 너무 정확하게 두 건물에 충돌했기 때문에 곧 단순한 사고가 아니라는 걸 알게 되었지.

그뿐만이 아니었어. 오전 9시 37분에는 또 다른 비행기가 미국 워싱턴 D.C.에 있는 국방부 건물인 펜타곤에 충돌했어. 그리고 네 번째 비행기는 미국 국회의사당이나 대통령이 있는 백악관을 목표로 한 것으로 보였지만, 오전 10시 3분에 도중에 추락하고 말았지.

이것은 누가 봐도 비행기를 이용한 대규모 테러였어.

미국은 세계에서 가장 강한 힘을 가진 나라였어. 뉴욕 세계무역센터는 세계 경제의 중심지고, 미국 국방부는 세계 최강인 미국의 군사력 중심이었어. 그런데 납치된 네 대의 비행기에 경제의 중심과 군사력의 중심이 공격당한 거야. 미국은 순식간에 아수라장으로 변했어. 미국이 이런 공격을 받은 적은 한 번도 없었거든.

비행기마다 네다섯 명의 납치범들이 타고 있었고, 그들은 비행기를 장악해 자신들이 목표한 곳에 충돌하게 했어. 당연히 비행기가 폭발하면서 납치범들도

모두 목숨을 잃었지. 이후 조사 결과, 이 납치범들 대부분이 '알카에다'라는 조직과 연관이 있었던 것으로 밝혀졌어. 알카에다는 사우디아라비아 출신의 오사마 빈 라덴이 이끄는 이슬람 무장 단체야.

이 사건을 '9·11 테러'라고 해. 9·11 테러는 이슬람 무장 단체가 일으킨 테러 중에서도 가장 충격적이고 규모가 큰 사건이었지. 미국뿐 아니라 전 세계가 큰 충격을 받았어.

사실 9·11 테러 이전에도 이슬람 무장 단체들이 일으킨 테러는 많았어. 하지만 그전에는 주로 중동 지역 안에서 벌어졌지. 대부분 자신들이 반대하는 정부의 관공서나 군사 기지 같은 곳을 공격했어. 가끔은 미국 대사관을 공격하는 정도였고. 그런데 오사마 빈 라덴과 알카에다는 한발 더 나아가 미국 본토를 직접 공격한 거야. 그 후로는 영국 런던 지하철 테러, 스페인 마드리드 폭탄 테러, 프랑스 파리 테러처럼 서양을 직접 겨냥한 테러가 이어졌어.

### 테러는 지하드가 아니다

"미국은 우리 이슬람의 적이다. 미국이 당한 것은 우리가 당한 것의 그림자에 불과하다. 지금도 미국은 우리를 침략해 우리 형제들을 죽이고 석유를 도둑질해 가고 있다."

9·11 테러가 일어난 후, 오사마 빈 라덴은 이렇게 말하며 미국에 대한 공격은 정의를 실현하기 위한 '지하드'라고 했어. 오사마 빈 라덴뿐만 아니라 이슬람 근본주의 무장 단체들은 자신들이 일으킨 테러가 지하드라고 주장했어.

이런 극단적인 이슬람 무장 단체들 때문에 지하드가 곧 테러라고 생각하기 쉬워. 하지만 지하드는 테러와 전혀 다른 개념이야.

지하드란 원래 '최선을 다해 노력하다'라는 뜻이야. 이슬람에서는 신을 위해 바르게 살기 위해 노력하는 것, 즉 신을 사랑하고, 신의 말씀에 따라 살아가며, 가난하고 약한 사람을 돕는 것 모두가 지하드야. 또, 신을 따르는 이슬람 공동체를 지키는 것도 지하드에 포함되지.

이슬람 공동체를 지키기 위해 무력을 사용하는 경우도 있는데, 이를 '성전(聖戰)', 즉 성스러운 전쟁이라고 해. 하지만 꾸란에서는 그런 전쟁조차 분명한 기준 아래에서만 허용된다고 말하고 있어.

"침략하는 자들에 맞서 싸우는 것이 너희에게 허락된다. 잘못은 침략한 자들에게 있다."

"너희에게 도전하는 적에게 맞서 싸우되, 먼저 공격하지 말라. 신은 공격하는 자들을 사랑하지 않는다."

이처럼 이슬람에서도 먼저 공격하거나 죄없는 사람을 해치는 행위는 허용되지 않아. 그러니 테러는 결코 지하드가 될 수 없는 거야.

꾸란은 침략이 아니라, 신앙을 지키기 위한 방어적인 전쟁만 해야 한다고 말하고 있어. 그런데 알카에다 같은 무장 단체들은 9·11 테러 같은 공격도 '방어적인 전쟁'이라고 주장하고 있어. 미국이 먼저 이슬람 세계를 침략했기 때문에,

자신들은 그에 맞서 싸웠다는 논리야. 이런 생각은 9·11 테러 이후 더욱 퍼지게 되었지.

9·11 테러가 일어난 뒤, 미국은 오사마 빈 라덴을 숨겨 주고 있다는 이유로 아프가니스탄을 공격했어. 전쟁은 2001년 10월에 시작됐고, 거의 20년 동안 이어졌지. 수많은 사람이 희생됐고, 정확히 얼마나 많은 사람이 죽었는지조차 알 수 없을 정도였어. 결국 미국이 2021년 8월에 아프가니스탄에서 완전히 철수하면서 전쟁은 끝났어. 하지만 그 오랜 전쟁의 상처는 아직도 남아 있어.

미국은 2003년에는 이라크도 공격했어. 이라크가 핵무기 같은 위험한 대량 살상 무기를 만들고 있고, 9·11 테러에도 관련이 있다는 이유를 들었지. 하지만 나중에 밝혀진 바로는, 이라크에는 대량 살상 무기도 없었고 9·11 테러와도 전혀 관련이 없었어. 그래서 많은 사람은 미국이 이라크를 침략한 진짜 이유는 석유 때문이라고 생각하고 있어.

아프가니스탄과 이라크 전쟁에서 수많은 사람이 미군의 폭격으로 목숨을 잃었어. 이런 전쟁을 겪으면서 이슬람 무장 단체들은 더 거세게 반발했고, 무차별적인 폭탄 테러도 더욱 늘어나게 되었지. 그들은 자신들의 테러를 미국의 침략에 맞서 싸우는 '지하드'라고 주장하게 된 거야.

## 가장 끔찍한 테러 조직 아이에스

2011년 5월, 미군은 9·11 테러를 일으킨 알카에다의 지도자 오사마 빈 라덴을 사살했어. 오사마 빈 라덴의 죽음 이후 알카에다를 비롯한 이슬람 무장 단체들은 점차 힘을 잃어 갔지. 그런데 그 무렵, 가장 끔찍한 돌연변이 테러 조직인 '아이에스(IS)'가 등장했어.

아이에스는 원래 알카에다의 이라크 지부였어. 하지만 점점 세력을 키우던 아이에스는 알카에다에서 독립해 자신들만의 조직을 만들었고, 이라크와 시리아 일부 지역을 점령했어. 그러더니 2014년, '칼리프 국가'를 세웠다고 선언했지. '아이에스(IS)'는 '이슬람 국가(Islamic State)'라는 뜻이야.

아이에스는 기존의 다른 이슬람 무장 단체들과는 달라. 대부분의 이슬람 무장 단체들은 외부의 침략이나 학살에 저항하면서 생겨났어. 그래서 주로 미국과 서방 세력, 또는 그들의 도움으로 세워진 중동 지역의 정부를 공격했지. 무슬림들 대부분은 테러라는 끔찍한 행위에 반대하지만, 그들이 왜 테러를 했는지는 어느 정도 이해할 수 있었어.

하지만 아이에스는 자신들의 권력을 키우기 위해 누구든 가리지 않고 무차별적으로 공격했어.

아이에스는 어떤 테러 조직보다도 더 과격하고 잔인한 테러를 저질렀지. 사람을 잔인하게 죽이는 장면을 그대로 촬영해서 인터넷에 올리기도 했어. 그들은 서양 세력뿐만 아니라 이슬람 국가들과 무슬림들까지 적으로 삼았어.

"아이에스는 이슬람도 아니고, 국가도 아니다."

이건 유엔 사무총장이 아이에스를 누고 한 말이야.

아이에스는 서방 세계는 물론이고 이슬람 사회로부터도 큰 비난을 받았어. 결국 미국을 중심으로 한 국제 동맹군이 아이에스를 없애기 위한 공격을 시작했어. 심지어 미국과 사이가 좋지 않은 이란, 이라크, 시리아 같은 나라들도 동맹군을 도와 아이에스를 공격했지.

알카에다조차 "아이에스는 이슬람이 아니다."라며 아이에스에 전쟁을 선포했어.

그 결과, 2019년 아이에스는 자신들이 점령하고 있던 모든 땅을 잃고 사실상 해체되었어.

### 평화의 종교 이슬람교

9·11 테러를 비롯한 끔찍한 사건들, 그리고 아이에스가 저지른 만행 때문에 많은 사람이 '이슬람' 하면 곧바로 테러를 떠올려. 하지만 이런 테러를 일으키는 사람들은 이슬람 전체에서 보면 극히 일부에 불과해. 대다수의 무슬림들은 테러를 '지하드(성전)'로 보지 않고, 오히려 이슬람의 정신을 해치는 폭력이라고 생각해.

알카에다나 아이에스 같은 테러 조직이 점점 힘을 잃어 가는 이유도 무슬림들이 그들을 지지하지 않기 때문이야. 처음엔 미국이나 유럽, 이스라엘에 당한 억울함이 커서 잠깐 지지했더라도 끔찍한 테러에 대해서 반대하고 나섰어. 아이에스 같은 테러 단체는 무슬림들이 직접 싸워 없애기도 했어.

이슬람은 본래 평화를 중요하게 생각해. 꾸란에는 "종교에는 강요가 없다."는 말도 있고, 자비와 정의, 공존을 강조하는 구절이 많아. 이슬람교가 평화의 종교라는 건 역사에서도 확인할 수 있어. 이슬람 초기부터 정복한 지역의 사람들을 모두 억압하거나 학살한 경우는 드물었어. 물론 예외는 있지만, 전체적으로 보면 다른 제국이나 종교 집단의 정복보다 관용적이었던 편이야. 이런 너그러움과 평화를 중시하는 전통은 십자군 전쟁 시대, 오스만 제국 시대까지 이어졌어.

사실 현실은 단순하지 않아. 2021년 탈레반이 아프가니스탄을 다시 장악한 뒤, 여성의 교육을 금지하고 언론과 표현의 자유를 억압하는 일이 벌어지고 있어. 탈레반은 아프가니스탄에 있는 무장 단체로, 아주 엄격한 규칙으로 사람들을 다스리려고 해. 많은 무슬림은 탈레반이 이슬람의 본래 정신에서 벗어났다고 생각해. 탈레반 같은 이슬람 극단주의자들보다는 평화롭고 관용적인 이슬람 전통을 지키려고 하는 무슬림들이 더 많아.

이슬람교는 테러를 잘 일으키는 종교라는 편견과 오해를 버리고, 이슬람 자체와 일부 극단주의 세력을 구분해서 봐야 해. 다양한 무슬림들의 목소리와 삶을 있는 그대로 바라본다면, 이슬람이 여전히 평화를 소중히 여기는 종교라는 걸 이해할 수 있을 거야.